DIE APOSTEL DER GÖTTLICHEN BARMHERZIGKEIT

27. Juli 2013, Eröffnung des Jugendtreffens „Rio in Krakau". Jugendliche tragen eine Kopie des Weltjugendtagkreuzes in die Basilika der Göttlichen Barmherzigkeit in Łagiewniki.

PROF. JAN MACHNIAK

JOLANTA SOSNOWSKA

DIE APOSTEL DER GÖTTLICHEN BARMHERZIGKEIT

EINFÜHRUNG

KARD. STANISŁAW DZIWISZ

FOTOGRAFIEN

ADAM BUJAK

Beratung
Prof. Jan Machniak

Konzeption, Grafik und Auswahl der Fotografien
Leszek Sosnowski

Redaktion
Jolanta Sosnowska

Fotografien
Auf den Seiten: 92, 93, 94, 95, 97, 98, 100, 101, 102, 103 – Marcin Bujak; 41, 66, 67, 68, 69, 74, 77 – Arturo Mari/„L'Osservatore Romano"; 146 oben, 147 – Michał Klag; 145 – „L'Osservatore Romano"; 146 unten – PAP; 71 – Leszek Sosnowski, 8 unten, 14, 15 unten, 16, 17, 21, 23, 24, 26, 28, 34, 35, 36, 41, 43, 49, 50, 54, 57, 137 oben, 144 oben – Archiv des Verlags Biały Kruk

Übertragen ins Deutsche von
Adam Sosnowski

Bildunterschriften
Paulina Foszczyńska
Paweł Stachnik

Computertechnische und grafische Bearbeitung
Studio Biały Kruk
Unter der Leitung von Janusz Feliński

Druck
Druckerei Skleniarz

© Copyright by Biały Kruk Sp. z o.o.
Wszelkie prawa zastrzeżone
All rights reserved
Alle Rechte vorbehalten

www.bialykruk.pl

1. Auflage
Krakau 2016

ISBN 978-83-7553-206-7

Bei der Übersetzung des Tagebuchs wurde auf die offizielle deutsche Fassung zurückgegriffen, die auf der Homepage der Schwestern der Muttergottes der Barmherzigkeit abgerufen werden kann. Bei der Übersetzung der Papsthomilien wurde – wenn vorhanden – auf die offizielle Fassung des Vatikans zurückgegriffen. Die Bibelzitate wurden der Einheitsübersetzung der Heiligen Schrift entnommen.

Inhaltsverzeichnis

Kard. Stanisław Dziwisz
Einführung des Krakauer Metropoliten — 7

Jolanta Sosnowska
Helena, die zur hl. Schwester Faustyna wurde und Karol, der zum hl. Johannes Paul II. wurde — 8

Krakau – Hauptstadt der Göttlichen Barmherzigkeit — 88

Prof. Jan Machniak
Barmherzigkeit verbindet die Menschen und öffnet sie einander — 112

Weißes Meer,
Haus des Heiligen — 148

Internationale Akademie der Göttlichen Barmherzigkeit in Krakau — 164

Auf Seite 6:
Am 12. Dezember 2015 öffnete der Krakauer Metropolit Kard. Stanisław Dziwisz offiziell die Tür der Barmherzigkeit im Johannes Paul II.-Heiligtum in Krakau.

Stanisław Kardinal Dziwisz
Metropolit Erzbischof von Krakau

Einführung des Metropoliten von Krakau
zum Buch *Die Apostel der Göttlichen Barmherzigkeit*

Liebe Leser,

schon bald werden wir in Krakau gemeinsam mit dem Heiligen Vater Franziskus auf das Abbild des Barmherzigen Jesu blicken und die zwei Strahlen sehen, die auf die ganze Welt, den ganzen Erdball hinausgehen. „Diese zwei Strahlen," erklärte Herr Jesus Schwester Faustyna, „bedeuten Blut und Wasser" (TB 299). Wir kommen nach Krakau um über dem Geheimnis des Gekreuzigten und Auferstandenen Jesu zu beten, der uns unentwegt das Geheimnis der Göttlichen Barmherzigkeit offenbart. Christus spricht heute so zu uns, wie einst zur hl. Schwester Faustyna: „Sage, Meine Tochter, dass Ich ganz Liebe und Barmherzigkeit bin" (TB 1074). Die Göttliche Barmherzigkeit ergießt sich über die Sakramente der Kirche auf die ganze Menschheit. Die Barmherzigkeit ist der „zweite Name" der Liebe (DM, 7) wie der hl. Johannes Paul II. in seiner Enzyklika „Dives in misericordia" schrieb, und zeigt die grenzenlose Fähigkeit Gottes uns unsere Sünden zu vergeben.

Gott übermittelte diese Botschaft der Barmherzigkeit in einem äußerst schwierigen Moment der Weltgeschichte, nämlich zwischen dem 1. und dem 2. Weltkrieg, als die Menschheit grauenhafte Erfahrungen durchmachte, deren Symbol die Konzentrationslager und die Gulags sind. Herr Jesus sagte zu Schwester Faustyna: „Die Menschheit wird keinen Frieden finden, solange sie sich nicht mit Vertrauen an Meine Barmherzigkeit wendet" (TB 300). Dank der hl. Schwester Faustyna und des hl. Johannes Paul II. wurde diese Botschaft zu einem Zeichen der Hoffnung für die Menschheit und einer Art „Brücke ins dritte Jahrtausend". Die Botschaft der Barmherzigkeit stellte Johannes Paul II. dank der Enzyklika „Dives in misericordia" (Über die Göttliche Barmherzigkeit) ins Zentrum seiner apostolischen Lehre. Am 30. April 2000 sprach er Schwester Faustyna heilig und bestimmte das Fest der Göttlichen Barmherzigkeit. Zwei Jahre später vertraute er die ganze Welt während seiner Pilgerreise nach Polen am 17. August 2002 der Göttlichen Barmherzigkeit an.

Dieser Akt des Anvertrauens wurde zu einem besonderen Glaubensbekenntnis des Heiligen Vaters, der überzeugt war, dass Gott uns die Botschaft der Barmherzigkeit als Zeichen der Zeit für die im Materialismus verlorene Menschheit gegeben hat. Das Verkünden der Botschaft der Göttlichen Barmherzigkeit, die der Welt von der hl. Faustyna wieder in Erinnerung gerufen und in der Lehre des hl. Johannes Paul II. erneut aufgezeigt wurde, setzte der Heilige Vater Benedikt XVI. in den acht Jahren seines Pontifikats fort und heute tut dies Papst Franziskus, der in der Bulle „Misericordiae vultus" das Jubeljahr der Barmherzigkeit ausgerufen hat.

Indem ich dieses Buch über die Apostel der Göttlichen Barmherzigkeit – die hl. Schwester Faustyna und den hl. Johannes Paul II. – präsentiere, möchte ich alle dazu einladen vor dem Abbild des Barmherzigen Jesu zu beten und sich an dem Engagement zugunsten der Barmherzigkeit zu beteiligen.

Mit bischöflichem Segen

Stanisław Kardinal Dziwisz
Metropolit von Krakau

Krakau, am Festtag der Darstellung des Herrn, 2.02.2016.

**Helena, die zur hl. Schwester Faustyna wurde
und Karol, der zum hl. Johannes Paul II. wurde**

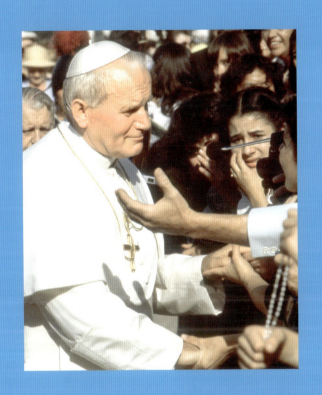
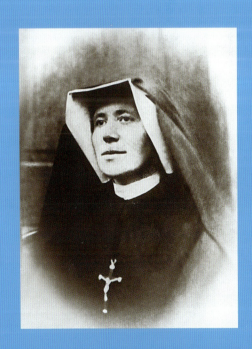

DIE APOSTEL DER GÖTTLICHEN BARMHERZIGKEIT

Dieses selige Kind hat meinen Schoß geweiht – sagte Marianna Kowalska Jahre nach der Geburt ihrer Tochter Helena. 10 Jahre lang musste sie auf ihre erste Schwangerschaft warten und die Geburten ihrer ersten beiden Töchter Józia und Gienia kosteten sie fast ihr Leben. Die zukünftige Apostelin der Barmherzigkeit kam am Anfang jenes Jahrhunderts zur Welt, das stolz als Zeitalter der Wissenschaft und Technik bezeichnet wird, gleichzeitig aber zwei furchtbare Weltkriege erlebte. Die kleine Helena wurde am 25. August 1905 im Dorf Głogowiec geboren und war das dritte von zehn Kindern. Ihre Mutter war zu diesem Zeitpunkt 30 Jahre alt. Die Eltern, Stanisław und Marianna Kowalski, waren sehr gläubige und hart arbeitende Bauern, die schon seit 13 Jahren ein Ehepaar bildeten und ihr Leben gemäß den evangelischen Wahrheiten gestalteten. Das Sakrament der Taufe empfing ihr drittes Kind von Pfarrer Józef Chodyński in der Pfarrkirche St. Kasimir in Świnice Warckie. Dabei erhielt es den Namen Helena.

1.

Das Dorf Głogowiec liegt in der Woiwodschaft Łódź und ist Teil der Gemeinde Świnice Warckie bei Łęczyca. Es liegt im Zentrum Polens, das zu jener Zeit auf den Landkarten aber nicht zu finden war, da das Land gegen Ende des 18. Jh. von Preußen, Österreich und Russland angegriffen, in drei Teile zerrissen und aufgeteilt worden war. Die Bewohner Polens vergaßen ihr Land allerdings nie und erkämpften sich 1918 nach 123 Jahren der Unterdrückung ihre Unabhängigkeit zurück.

Głogowiec liegt auf dem breiten und sandigen Warschau-Berliner-Urstromtal, auf dem weitgehend große Wiesenflächen, Fichten- und Laubwälder wachsen. Auch viele Moore findet man hier. Die Erde ist nicht wirklich fruchtbar, sodass die Landwirtschaft einem hier vieles abverlangt. Die kleine Helena wuchs in einem bescheidenen, aber sehr ordentlichen und gepflegten Haus auf. Die Familie verband ein starkes Band der Religiosität und eines ausgeprägten Arbeitsethos. Der wichtigste Ort im Haus war jener Raum, in dem ein kleiner Altar stand, wo man sich zum Gebet zu versammeln pflegte. Auf dem Birnbaum vor dem Haus hing darüber hinaus eine kleine Holzkapelle, die Helena mehr anzog als die übrigen Kinder. Schon als kleines Mädchen war es ihre Lieblingsbeschäftigung die Altäre im Haus zu schmücken und in der Stille des Gartens zu beten. Das ist insofern erstaunlich, als es hierbei eine Parallele zur Kindheit des hl. Jean-Marie Vianney gibt, der sich als Kind ähnlich verhielt. Die kleine Helena sagte auch noch in der Nacht ihre Gebete auf und behauptete damals, dass sie ihr Schutzengel dazu aufriefe. Ihre Mutter war ob dieses Verhaltens und der lebendigen Vorstellungskraft ihrer Tochter besorgt, gab nach Jahren aber folgendes zu: „Sie war ein auserwähltes Kind und das beste von allen. Schon in ihren jüngsten Jahren hatte sie Träume und gab vor etwas zu sehen, woraufhin ich sie immer ermahnte."

Aus der heutigen Perspektive scheint dieses Kindesverhalten verständlicher. Sie wurde wohl schon als Kind schrittweise auf jene großen Aufgaben vorbereitet,

Auf Seite 10:
Oben:
Landschaftsaufnahme des Heimatdorfs von Schwester Faustyna Kowalska. Der Ort Głogowiec liegt in der Gemeinde Łęczyca an der Grenze der polnischen Regionen Großpolen und Masowien.

Unten:
In dem Haus, in dem die zukünftige Heilige und neun ihrer Geschwister zur Welt gekommen sind, befindet sich heute das Museum „Familienhaus der hl. Schwester Faustyna".

die ihr Gott später mitgeben sollte. Allmählich begann sich die kleine Helena an die Stimme Gottes in sich zu gewöhnen, ihr zu vertrauen und ihr zu folgen.

Am Morgen sang Helena gemeinsam mit ihrem Vater aus dem Stundenbuch und das berühmte polnische Kirchenlied *Kiedy ranne wstają zorze* („Wenn das Morgenrot erwacht"). Auch im Advent und in der Fastenzeit sang sie gerne die dem liturgischen Jahr entsprechenden Lieder. Je älter sie wurde, desto stärker entwickelte sich ihr Drang zum Gebet. Sie träumte relativ häufig von der Mutter Gottes in einem schönen Garten, wovon sie ihren Geschwistern erzählte. Im Alter von sieben Jahren erhielt sie in der Kirche von Świnice Warckie von Gott den Auftrag vorzüglich und vollkommen zu leben, obwohl sie damals nur ein kleines Mädchen war, dem sogar noch das Schulwissen fehlte – sie kannte allerdings die Grundlagen des Glaubens und viele Gebete. Auch Helenas Eltern waren nicht gebildet, sie konnten weder lesen noch schreiben. Somit hatte die kleine Helena niemanden, der ihr hätte erklären können, was um sie herum und mit ihr passierte. Nichtsdestotrotz war sie nicht auf sich alleine gestellt. Jahre später hielt sie ihre ersten mystischen Erfahrungen im Tagebuch fest. „Als Jesus während der Vesperandacht in der Monstranz ausgestellt war, erfuhr ich zum ersten Mal die Liebe Gottes. Sie füllte mein kindliches Herz, und der Herr ließ mich Dinge Gottes verstehen" (TB 1404). Andernorts schrieb sie: „Im siebten Lebensjahr hörte ich zum ersten Mal die Stimme Gottes in meiner Seele, als Einladung zu einem vollkommenen Leben" (TB 7). Oder auch:

„Mein Jesus, Du weißt, dass ich schon in jüngsten Jahren eine große Heilige werden wollte; das heißt, ich wollte Dich so innig lieben, wie Dich bisher keine Seele geliebt hat" (TB 1372).

Im Alter von neun Jahren empfing Helena das Sakrament der hl. Kommunion, wozu sie von ihrer Mutter und dem ortsansässigen Pfarrer Roman Pawłowski vorbereitet worden war. Dieses Ereignis bedeutete eine nachhaltige Veränderung ihres Seins. Ihre Mutter Marianna erinnerte sich folgendermaßen daran: „Ab diesem Zeitpunkt scheute sie die Gesellschaft anderer, kehrte nicht mit uns von der Kirche nach Hause zurück und koppelte sich ab." Helena trug Jesus wie einen Schatz in sich und auch lange Zeit nach der Erstkommunion trug sie dem Herrn Dankesgebete entgegen. Die anderen Kinder empfanden dies bei Weitem nicht so intensiv, deshalb hatte Helena niemanden mit dem sie darüber sprechen konnte... Diesbezüglich unterschied sie sich tatsächlich sehr von ihrem Umfeld. „Jesus, komme geschwind in mein Herz, denn Du siehst ja,

Im Museum sieht man beispielsweise die Stube, in der schon zu Helenas Kinderjahren ein kleiner Altar stand, oder die Küche mit einer bescheidenen Tischlerwerkstatt des Vaters Stanisław.

Auf Seite 12: Der Garten des bescheidenen Hauses der Familie Kowalski, das ca. 1900 errichtet wurde.

DIE APOSTEL DER GÖTTLICHEN BARMHERZIGKEIT

Auf Seite 15:
Oben:
Dieses Foto des jungen Karol Wojtyła wurde geschossen, als er in die erste Klasse des achtstufigen Gymnasiums in Wadowice ging.

Unten:
Im Museum „Familienhaus des Heiligen Vaters Johannes Paul II." in Wadowice sieht man unter anderem eine Rekonstruktion der Küche der Familie Wojtyła. Leider ist die originale Einrichtung nicht erhalten geblieben, aber im Schrank befinden sich noch gerettete Teile des Porzellan-Services von Emilia Wojtyła.

Emilia Kaczorowska (1884-1929) stammte aus einer vielköpfigen, armen Handwerkerfamilie. 1904 heiratete sie Karol Wojtyła Senior.

wie eine Blume nach der Sonne sich ausstreckt, so streckt sich mein Herz nach Dir" (TB 1808), schrieb sie im Jahr 1938 über ihre Vorbereitungen vor dem Empfang der hl. Kommunion.

Erst im Jahr 1917, also drei Jahre nach ihrer Erstkommunion, begann die schulische Laufbahn von Helena, die in die gerade in Świnice Warckie eröffnete Grundschule zu gehen begann. Sie fiel durch ein ausgezeichnetes Gedächtnis auf und merkte sich besonders die Lebensläufe der Heiligen und andere religiöse Lektüren. Darüber sprach sie dann gerne mit Freunden und Familie. Diese Fähigkeit sollte ihr später noch zugutekommen, als sie in ihrem Tagebuch die komplexen theologischen Wahrheiten über die Göttliche Barmherzigkeit festhalten musste, die ihr der Barmherzige Jesus während ihrer Visionen mitteilte.

Dazu passt, dass die kleine Helena sehr lebendig und ergreifend erzählen und gut Gedichte aufsagen konnte. Die Lehrer überschlugen sich diesbezüglich mit Lob. Tanzveranstaltungen oder Gesellschaftsabende interessierten Helena dagegen überhaupt nicht, sie betrachtete sie als Zeitverschwendung, was aber nicht bedeutet, dass Helena einen mürrischen Charakter gehabt hätte. Ganz im Gegenteil, sie lachte und sang sehr gerne. Sie war ein eifriges Kind, half ihren Eltern bei der Arbeit und unterstütze ihre Geschwister, wo sie nur konnte. Für sie war das auch eine Art, die Liebe zu Vater und Mutter zum Ausdruck zu bringen, denn sie konnte sie dadurch entlasten und ihnen eventuell Kummer ersparen. Helena war seit Kindesjahren auch sehr empfindlich gegenüber der menschlichen Armut. Es ist überliefert, dass sie sich als Bettlerin verkleidete, um für die Armen Geld zu sammeln oder eine Lotterie für karitative Zwecke veranstaltete. So ist es nur logisch, dass sie später als Nonne den an die Türen des Klosters klopfenden Bettlern Essen brachte und das Leiden der Seelen im Fegefeuer intensiv mitempfand, für sie betete und auch selbst litt.

2.

Zu der Zeit, da die 15-jährige Helena mit Verspätung zwar, dafür aber mit umso mehr Eifer das Schulwissen in sich aufsaugte, kam etwa 300 km südlich von Głogowiec in Wadowice am 18. Mai 1920 zwischen 17 und 18 Uhr in der Familie von Emilia und Karol Wojtyła ein Junge zur Welt. „In diesen Tagen marschierten die Bolschewiken nach Warschau," erinnerte sich Johannes Paul II. viele Jahre später. In der Tat sollte sich drei Monate später das „Wunder an der Weichsel" abspielen, ein beispielloser militärischer Sieg Polens, der den Marsch der Bolschewiken gen Westen beendete. Die Sowjetunion plante damals nämlich Polen quasi im Vorbeigehen zu überrollen, um den Kommunismus weiter nach Berlin, Paris und Madrid zu tragen. Die göttliche Vorsehung, das Heldentum der polnischen Soldaten und eine taktisch-strategische Meisterleistung des polnischen Oberbefehlshabers Józef Piłsudski wussten dies zu verhindern. Die rote, atheistische Lawine wurde in den Vororten Warschaus aufgehalten.

Zwei Monate vor dieser entscheidenden Schlacht erhielt der zukünftige Papst während der Taufe in der Wadowicer Pfarrkirche Mariä Opferung am 20. Juni 1920 die Namen Karol Józef.

Er war das jüngere Kind der Familie Wojtyła, die als sehr gläubige Menschen ihren Glauben auch an ihre beiden Söhne weitergaben. Emilia heiratete Karol Wojtyła (Senior) noch bevor Polen seine Unabhängigkeit wiedererlangte und ihr Ehemann deshalb noch Offizier in der Armee der Habsburgermonarchie war. Die Hochzeit fand 1904 in der Kirche St. Peter und Paul in Krakau statt. Emilia war eine hübsche, schlanke, bescheidene und sanfte Frau mit üppigem, leicht gewelltem Haar. Ihr Mann war fünf Jahre älter, gewissenhaft und pflichtbewusst, verdiente aber wenig Geld, weshalb Emilia das Haushaltsgeld durch Näharbeiten aufstockte. Nach der Wiedergewinnung der Unabhängigkeit Polens (1918) wurde Karol Offizier der neuen polnischen Armee. Er war Teil des 12. Infanterieregi-

Erinnerungsfoto einer Pilgergruppe aus Wadowice in Tschenstochau. Unter den Gläubigen befindet sich auch der 10-jährige Karol Wojtyła, der damals Grundschüler war.

…und Karol, der zum hl. Johannes Paul II. wurde

Emilia und Karol Wojtyła mit ihrem Sohn Edmund, der in Zukunft Arzt werden sollte (1908).

ments, das in Wadowice stationiert war. Die Wojtyłas zogen zu dieser Zeit in ein Stadthaus am Hauptplatz um. In der bereits erwähnten Schlacht um Warschau kämpfte auch Karol und trug dazu bei, dass sich der Kommunismus nicht weiter in Europa ausbreiten konnte. Später arbeitete er aufgrund einer Verschlechterung seines Gesundheitsstands in der Verwaltung und ging 1927 in Pension. Seine Vorgesetzten lobten seine tugendhafte Pflichterfüllung.

Die Wojtyłas beteten gemeinsam mit ihren Söhnen und lasen regelmäßig die Heilige Schrift. 1920 war der ältere Edmund bereits 14 Jahre alt und sollte später Arzt werden. Die Familie wohnte in einer bescheidenen Zweizimmerwohnung, von deren Fenstern aus man die Pfarrkirche sehen konnte. Auf deren Wand befand sich eine Sonnenuhr mit der Aufschrift „Die Zeit verrinnt, die Ewigkeit wartet". Diese Sentenz blieb dem kleinen Karol dauerhaft im Gedächtnis und auch als Papst wird er sich noch an sie erinnern.

Am 15. September 1926 ist Karols erster Schultag in der männlichen Grundschule von Wadowice, die sich auch am Hauptplatz und ganz in der Nähe seines Hauses befand. Am Ende des ersten Schuljahres hatte Karol nur Einsen, was sich auch in den kommenden Jahren nicht ändern sollte.

3.

Trotz großer Fähigkeiten, ihrer Auffassungsgabe und Intelligenz ging Helena Kowalska nur (nicht ganz) drei Jahre lang zur Schule und musste ihre schulische Laufbahn danach ruhen lassen. Die Lehranstalt war sehr klein und Helena musste den jüngeren Schülern Platz machen, außerdem konnte sie ihre Eltern und die zehnköpfige Familie nicht weiter materiell belasten. 1921 verließ Helena ihr Heimatdorf Głogowiec und trat in die ihr unbekannte Welt hinaus. Gemäß den damaligen Gepflogenheiten trat sie als armes und nur unzureichend ausgebildetes Mädchen in den Dienst einer wohlhabenden Familie. Ein Jahr lang arbeitete sie bei der Familie Bryszewski in Aleksandrów Łódzki, die eine Bäckerei besaß. Das verdiente Geld sandte Helena ihren Eltern. In Aleksandrów hatte sie aber erneut Visionen des „Lichts", was sie in ihrer Auffassung bestärkte, dass sie ins Kloster gehen sollte. Sie fasste aber auch noch einen weiteren Entschluss, nämlich dass sie niemandem von ihren Visionen erzählen wollte. Als Helena jene „Helligkeit" über der Bäckerei sah, begann sie zu schreien, da sie dachte einen Brand zu beobachten. Sie alarmierte die ganze Nachbarschaft, woraufhin sie zum Arzt geschickt wurde, der ihren Geisteszustand untersuchte. Auch Helenas Eltern wurden einbestellt, aber anstatt ihrer kam Józefa, die älteste Schwester. Die zukünftige Heilige antwortete ihr nur widerwillig: „Dumm bin ich nicht und ich werde auch nicht mehr darüber sprechen."

Obwohl Helena schon seit ihrem siebten Lebensjahr sicher war ins Kloster gehen zu wollen, waren ihre Eltern mit dieser Entscheidung nicht einverstanden, wodurch ihr dieser Weg vorerst verwehrt blieb. Ihre Eltern waren womöglich deswegen dagegen, da ihnen das Geld für die Mitgift fehlte, die damals noch von den Kandidatinnen eingebracht werden musste. Nichtsdestotrotz behauptete Helena weiter, dass Jesus sie ins Kloster führen werde.

Nach einem kurzen Aufenthalt zu Hause, musste Helena wieder weiter, um Arbeit zu suchen. Sie landete in Łódź, wo sie bei ihrem Onkel wohnte und beim Dritten Orden der Franziskanerinnen als Dienstmagd arbeitete. Helena besuchte täglich die hl. Messe und besuchte die Kranken sowie Sterbenden. Nach einem Jahr bat sie ihre Eltern erneut um Erlaubnis ins Kloster gehen zu dürfen, was ihr wieder nicht gestattet wurde. Zu dieser Zeit beschloss sie, ihre Berufung zu vergessen, begann auf ihr Aussehen Acht zu geben und veränderte sich äußerlich. Dennoch hielt sie im Tagebuch fest: „Die unaufhörlichen Gnadenrufe waren für mich eine große Qual, die ich mit Zerstreuungen zu übertönen suchte. In meinem Inneren mied ich Gott und mit meiner ganzen Seele neigte ich mich den Geschöpfen zu (TB 8)." Bei den Zerstreuungen handelte es sich oft um Tanzveranstaltungen.

Im Februar 1923 begann die 18-jährige Helena die Arbeit im Haus von Marcjanna Sadowska, die ein Lebensmittelgeschäft besaß. Helena kümmerte sich um die Kinder, die sie schnell lieb gewannen und besonders ihre stete gute Laune mochten. Darüber hinaus war die zukünftige Heilige fürs Putzen und Kochen zuständig. In einer kleinen Kammer unter den Treppen wohnte ein armer, kranker Mann, dem Helena Essen und Trost brachte; häufig wusch sie ihn auch. Als sein Tod nahte, ließ sie einen Priester kommen, damit der Sterbende sich mit Gott vereinen konnte. Natalia, die jüngere Schwester Helenas, erinnerte sich daran: „Sie wollte die Menschen immer näher an Gott bringen."

Eines wunderschönen Sommerabends im Juli 1924 ging Helena mit zwei Schwestern und einer Freundin zu einer Tanzveranstaltung im Park Wenecja

(Venedig) in Łódź, der sich unweit der Kathedrale befand. Helena trug einen rosafarbenen Rüschenrock und hatte ihr fuchsrotes Haar zu einem Zopf geflochten. Ein Jüngling, der sich wohl von dem netten Sommersprossengesicht, dem geraden Blick und der schlanken Figur Helenas angezogen fühlte, bat sie um einen Tanz. Nach einigem Nachfragen vonseiten des jungen Mannes willigte sie ein. Sie begann zu tanzen, als ihr plötzlich der geschundene, entblößte und mit Wunden bedeckte Jesus erschien, der vorwurfsvoll fragte: *"Wie lange soll ich dich ertragen, und wie lange wirst du mich hinhalten?"* In dem Augenblick verstummte die liebliche Musik, die Gesellschaft, in der ich mich befand, verschwand mir aus den Augen, es blieben Jesus und ich," schrieb sie im Tagebuch (TB 9). Kopfweh vortäuschend verließ sie sofort den Park und ging in die Kathedrale. Dort legte sie sich auf den Boden und begann inbrünstig darum zu beten, dass ihr der Herr ihren weiteren Weg zeigen möchte. Erneut vernahm sie dabei die Stimme Jesu: *"Fahre sofort nach Warszawa, dort wirst du ins Kloster eintreten"* (TB 10).

Diesmal zögerte Helena keinen Augenblick, hörte auf die innere Stimme, verabschiedete sich von Schwestern und Onkel und fuhr sogleich „im einzigen Kleid, ohne alles" in die ihr gänzlich unbekannte Hauptstadt. Dort angekommen hatte sie keine Ahnung, wohin sie ihre Schritte wenden sollte. Die Stadt war ihr fremd und es gab hier sehr viele Klöster. Sie betete zur Mutter Gottes, die ihr mitteilte, dass sie die Stadt Richtung Vororte verlassen sollte, wo sich ihr eine Übernachtungsmöglichkeit bieten werde. So kam es dann auch. Am nächsten Tag kehrte sie nach Warschau zurück und betrat die erstbeste Kirche, die sie auf ihrem Weg fand. Der dortige Pfarrer Jakub Dąbrowski war zwar ob ihrer sonderbaren Geschichte erstaunt, half ihr aber Arbeit zu finden. Da Helena das Geld für die Mitgift fehlte, arbeitete sie noch ein Jahr lang als Haushaltshilfe bei Aldona Lipszycowa in Ostrówek und sparte alles verdiente Geld. In ihrer Freizeit zog sie von Kloster zu Kloster und bat aufgenommen zu werden. Stets wurde sie abgelehnt, bis sie in die Żytnia-Straße 3/9 kam. Dort wurde sie zwar auch nicht enthusiastisch aufgenommen und eine ihrer Vorgesetzten beschrieb sie so: „Nichts Außergewöhnliches, na ja, da hat sich halt so ein armseliges, dünnes, mittelloses Ding bei uns gemeldet, ohne Ausdruck oder jedwede Aussichten." Trotzdem sollte dies ihr Kloster werden. Jahre später erinnerte sich Helena folgendermaßen daran: „Ich ging voll Freude in die Kapelle und fragte Jesus: Herr des Hauses, nimmst Du mich auf? (...) Sogleich hörte ich diese Stimme: *Ich nehme dich auf, du bist in meinem Herzen.* Als ich aus der Kapelle zurückkam, fragte mich die Mutter Oberin zuerst: Na, hat der Herr dich aufgenommen? – Ich erwiderte: Ja. – Wenn der Herr aufnahm, nehme auch ich auf" (TB 14).

Kurz bevor Helena Kowalska aus der Welt ging, legte sie in der Fronleichnamsoktav (18.-25. Juni 1925) vor Gott „in einfachen Worten", die ihr „aus dem Herzen flossen" das ewige Keuschheitsgelübde ab.

Am 1. August 1925 trat Helena dann der Kongregation der Muttergottes der Barmherzigkeit bei, die 1862 gegründet worden war und deren Charisma auf dem Geheimnis der Göttlichen Barmherzigkeit und Maria, der Mutter der Barmherzigkeit fußt. Die Kongregation entstand, um Mädchen und Frauen zu helfen, die einer tiefgreifenden moralischen Erneuerung bedurften. Meistens handelte es sich dabei um Prostituierte, die ihr Leben verändern wollten. Darum leiteten die Schwestern neben ihren Klöstern auch noch Erziehungsanstalten.

Helena verbrachte 13 Jahre in dieser Kongregation, allerdings nicht nur in einem Kloster. Sie wurde sehr oft versetzt und dabei stellt sich die Frage, ob sie auch wirklich so behandelt werden musste. Häufig war Helena das Opfer unbarmherziger Handlungen, ihre Mitschwestern waren ihr gegenüber nicht selten hochmütig. Besonders jene Schwestern, die besser ausgebildet und für die Arbeit in den Erziehungsanstalten – den sog. Häusern der Barmherzigkeit – vorbereitet worden waren, fühlten sich Helena überlegen, woran sie auch keine Zweifel aufkommen ließen.

Aufgrund ihrer mangelhaften Ausbildung hatte Helena keine Möglichkeit in diese Gruppe aufzusteigen. Sie wurde jenen Schwestern zugeteilt, die für die körperliche Arbeit in der Küche, der Bäckerei oder im Garten zuständig waren, sie hatte außerdem auch Dienst an der Pforte. All diese Aufgaben musste sie in ihren Jahren im Kloster bewältigen, wobei sie niemals danach gefragt wurde, ob sie noch die Kraft dazu hat oder ob sie vielleicht Hilfe benötigt...

Ihre ersten Wochen in der Kongregation standen unter keinem guten Stern, da sie schon bald in das Sommerhaus des Ordens nach Skolimów geschickt wurde, um dort ihre schwache Gesundheit aufzubessern, die durch Unterernährung, Fasten und Kasteiung sehr angegriffen war. Dort hatte sie Visionen des Fegefeuers, eines „nebeligen, mit Feuer gefüllten Orts, mit vielen leidenden Seelen." Dieses Erlebnis war die Antwort auf die von ihr gestellte Frage, für wen sie beten solle. „Diese Seelen beten sehr inbrünstig, doch ohne Wirkung für sich selber, nur wir können ihnen zur Hilfe kommen. Die Flammen, die um sie brannten, berührten mich nicht. Mein Schutzengel verließ mich keinen Augenblick. Ich fragte die Seelen, welches ihr größtes Leiden sei. Übereinstimmend antworteten sie mir, ihr größtes Leiden sei die Sehnsucht nach Gott. Ich sah die Gottesmutter, wie sie die Seelen im Fegefeuer besuchte. Die Seelen nannten Maria ‚Stern der Meere'. Sie bringt ihnen Linderung. Ich wollte mehr mit ihnen reden, doch mein Schutzengel gab mir ein Zeichen zu gehen. Wir gelangten hinter die Tür dieses leidvollen Kerkers. Ich vernahm eine innere Stimme, die sagte: *Meine Barmherzigkeit will das nicht, aber die Gerechtigkeit befiehlt es.* Seit dieser Zeit pflege ich engeren Umgang mit den leidenden Seelen" (TB 20).

Nach der Rückkehr in die Żytnia-Straße konnte Helena ihr Postulat (Zeitraum vor dem Noviziat) unter Janina Bartkiewicz fortsetzen. Obwohl sie anfangs dachte in ein „paradiesisches Leben" eingetreten zu sein, fiel es ihr anfangs doch schwer sich den Rhythmus des Klosterlebens einzuverleiben. Hinter den Klostermauern traf sie nämlich nicht nur auf Engel, wie übrigens auch die älteren Ordensschwestern genannt wurden – die Novizinnen nannte man Seelen. Auch die Diskrepanz zwischen Erwartungen und Realität war für Helena nicht einfach. Einerseits musste Helena ihr fröhliches und lebendiges Naturell oftmals unterdrücken, andererseits dachte sie im Kloster würde man mehr Zeit für Gebet und Meditation aufwenden. Zweifel kamen ihr, ob sie nicht in ein strengeres Kloster gehen sollte. Als sie diese Gedanken immer stärker zu quälen begannen, erschien ihr eines Abends der leidende Jesus in ihrer Zelle uns sagte: „*Hierher habe ich dich berufen, nicht woanders, und habe für dich viele Gnaden bereitet"* (TB19).

Helena fastete und kasteite sich, sie befolgte auch alle Anweisungen ihrer Vorgesetzten, selbst dann, wenn diese nur darauf abzielten sie zu demütigen. Sie beklagte sich nicht, sie beschuldigte niemanden. Sie vertraute Gott und Seiner Barmherzigkeit. Im Tagebuch schrieb sie: „Deine Barmherzigkeit, o Jesus, soll meinem Herzen und meiner Seele als Spiegel aufgeprägt sein, als mein Zeichen in diesem und im künftigen Leben. Die einzige Aufgabe in meinem Leben ist das Rühmen Deiner Barmherzigkeit" (TB 1242).

Nicht einmal ein halbes Jahr nach ihrem Eintritt in die Kongregation, bricht Helena Kowalska am 23. Januar 1926 wieder zu einem anderen Ort auf. Dieses Mal wird sie in das Ordenshaus in Krakau-Łagiewniki versetzt. Dort beendete sie ihr Postulat, nimmt an den achttägigen Exerzitien vor dem Noviziat teil und absolviert schließlich das zweijährige Noviziat, zuerst unter der Obhut von Małgorzata Gimbutt und dann Maria Józefa Brzoza. Schon ein paar Tage nach ihrer Ankunft in Łagiewniki, sah sie Jesus erneut in einer ihrer Visionen. Am 30. April 1926 fand Helenas Einkleidung statt und sie nahm den Ordensnamen Maria Faustyna an. Als Schwester Klemensa half Helena das Ordenskleid anzulegen, fiel die junge Frau in Ohnmacht und musste mit Hilfe von Eau de Cologne zu sich gebracht werden. Den Grund für ihre Ohnmacht beschrieb Faustyna später im Tagebuch so: „Während der Einkleidung gab mir Gott zu erkennen, wie viel ich leisten werde. Mir war ganz klar, wozu ich mich verpflichtete. Ich erlebte eine Minute dieser Qual. Danach überschüttete Gott meine Seele wieder mit großer Freude" (TB 22).

Novizenmeisterin Maria Józefa Brzoza (1889-1939). Unter die Obhut dieser strengen, aber durchaus auch liebevollen Schwester, traf Helena Kowalska zwei Monate nach ihrer Einkleidung.

Während des Noviziats litt Faustyna unter vielen Unannehmlichkeiten seitens ihrer Mitschwestern, die sich unter anderem über ihren Eifer bei der Aufgabenerledigung lustig machten. Die Novizenmeisterin verglich sie eines Tages mit verwelkten Blumen in einer Vase, die man nur mehr wegschmeißen könne. Und trotzdem hinterließ die große Gottesfürchtigkeit dieser einfachen Novizin einen bleibenden Eindruck; noch bevor Faustyna ihre Ordensgelübde abgelegt hat, musste die Novizenmeisterin Józefa Brzoza zugeben, wie sehr sie sich in der Beurteilung Faustynas geirrt hatte: „Schwester, Sie sollten wissen, dass Gott Sie zu großer Heiligkeit auserkoren hat. (...) Gott möchte Sie im Himmel ganz nah bei sich haben. Vertrauen Sie immer ganz auf den Herrn Jesus."

Trotz dieses Wissens über Faustyna, ihre Einzigartigkeit, ihr bewegtes geistiges Innenleben und ihren Dialog mit Christus, trotz des Umstands, dass dieses Wissen immer größer und allmählich zur Gewissheit wurde, erfuhr sie in keinem der Klöster, in dem sie lebte, eine Sonderbehandlung und war ganz im Gegen-

DIE APOSTEL DER GÖTTLICHEN BARMHERZIGKEIT

teil meistens das Mädchen für alles. Es ist verwunderlich, dass keine der älteren Schwestern oder der Oberinnen sich wenigstens ein bisschen um sie kümmerte, zumal Faustyna ihnen stets mit Respekt, Liebe und Güte begegnete, im Falle von Oberin Michaela Moraczewska sogar mit Unterwürfigkeit. Der Spagat zwischen ihrem mystischen Sein, den Dialogen mit Christus und dem Leben inmitten der Menschen muss für Schwester Faustyna extrem schwierig gewesen sein... So aber sah ihr Lebensweg aus, er führte durch viele Schwierigkeiten, Verständnislosigkeit und das Fehlen von Akzeptanz. Und das hatte auch einen Sinn, denn es lehrte sie Hindernisse zu überwinden und führte zu einem Reifeprozess.

Marianna Kowalska (1875-1965), die Mutter der hl. Schwester Faustyna. Sie war eine sehr sanfte, geduldige und eifrige Frau.

Die zukünftige Apostelin der Göttlichen Barmherzigkeit sagte immer offen die Wahrheit, die Beleidigungen hingegen nahm sie demütig an, betete noch mehr und gab sich der Klosterarbeit hin. Wenn sie Schicht in der Küche hatte, achtete sie darauf immer sehr gut zu kochen, so „als ob Herr Jesus selbst zu diesem Mahl erscheinen sollte", erinnert sich Schwester Placyda Putyra. Wenn sie nicht wusste, wie sie eine Aufgabe meistern sollte, die ihr noch nie zuvor gestellt worden war – wie zum Beispiel das Schneiden und Konservieren eines gerade erst geschlachteten Schweins – ging sie zuerst in die Kapelle, um vor dem Allerheiligsten Sakrament zu beten. Oft sprach sie mit den anderen Schwestern über die Göttliche Barmherzigkeit, was diese verwirrt und staunend zur Kenntnis nahmen, da Faustyna nur drei Schulklassen absolviert hatte. Sie wurde „Theologin" genannt, wobei ich denke, dass dies eher spöttelnd gemeint war, da Faustyna weder studiert hat, noch mit ihrem theologischem Wissen die anderen Schwestern hätte überragen können.

Aber vielleicht hat Jesus gerade deshalb sie zur Sekretärin der Göttlichen Barmherzigkeit auserkoren, da sie eine *tabula rasa* war, die darauf gewartet hat, beschrieben zu werden, arm, leise, demütig, barmherzig, das Lästige geduldig ertragend, Frieden stiftend, gerade kein altkluger Professor der Theologie. Dieser hätte vielleicht die Botschaft in Zweifel gestellt, damit polemisiert und eine eigene Theologie der Barmherzigkeit erschaffen, um eine eigene Theorie zu präsentieren, wie es heute typisch ist. Wie Goethes Faust hätte er womöglich nur dem empirisch Belegbaren vertraut und dabei Glaube sowie Gefühl hochmütig links liegen gelassen. So ein Mensch wäre mit Sicherheit nicht dazu geeignet gewesen dem Willen Gottes zu folgen.

Gegen Ende des ersten Novizenjahrs begann es in der Seele Faustynas „dunkel" zu werden. Der Gemütszustand „von Gott verstoßen worden zu sein" lässt sich in vielen Mystikerbiografien finden. Dieser Zustand der „dunklen Nacht" dauerte in Falle Faustynas viele Monate und bereitete ihr große Schmerzen. Das

Auf Seite 22: Die Südseite des Klosters der Kongregation der Muttergottes der Göttlichen Barmherzigkeit in Łagiewniki. Hier absolvierte die zukünftige Heilige das Noviziat und legte ihre Gelübde ab.

DIE APOSTEL DER GÖTTLICHEN BARMHERZIGKEIT

„ist die Qual, die wahrhaftig die Verdammten leiden. Ich flüchtete zu den Wunden Jesu, wiederholte Worte des Vertrauens, doch die Worte wurden mir zur noch größeren Pein. Ich begab mich vor das Allerheiligste Altarssakrament und begann, zu Jesus zu sprechen: Jesus, Du hast gesagt, dass eher eine Mutter ihren Säugling vergisst, als Gott Sein Geschöpf, und sollte sie auch vergessen, Ich, Gott, werde mein Geschöpf nicht vergessen. Jesus, hörst Du, wie meine Seele stöhnt? So höre doch auf das leidvolle Wimmern Deines Kindes. Ich vertraue auf Dich, o Gott, denn Himmel und Erde werden vergehen, aber dein Wort währt in Ewigkeit. Trotzdem fand ich keinen Augenblick Erleichterung" (TB 23). Durch diese schmerzhafte Erfahrung hindurch half ihr Mutter Józefa Brzoza. Sie riet ihr unter anderem anstatt langen Litaneien Stoßgebete gen Himmel zu senden.

Am 30. April 1928 legte Faustyna die ersten Ordensgelübde von Armut, Keuschheit und Gehorsam ab. Zu den Feierlichkeiten nach Łagiewniki kamen auch ihre Eltern, die schon lange nicht mehr böse waren, dass ihre Tochter ins Kloster gegangen war und ihnen weder Schwiegersohn noch Enkelkinder schenken wird. Kurz danach begann für Faustyna die Wanderung durch viele Ordenshäuser der Kongregation, wobei sie oftmals für kranke Schwestern einspringen und dabei körperliche Arbeiten erledigen musste, die ihre beschränkten Kräfte überschritten. Schon das Reisen allein war damals beschwerlich genug. Darauf achtete allerdings niemand. 1929 wurde Faustyna zurück nach Warschau geschickt, um gleich darauf für kurze Zeit nach Vilnius zu gehen, wonach sie in die Żytnia-Straße zurückkehrte. Danach wurde sie in einen anderen Stadtteil Warschaus versetzt (Hetmańska-Straße, Grochów) und musste später nach Kiekrz (nahe Posen), Płock und Biała (nahe Płock).

Im Oktober 1929 hatte Schwester Faustyna im Kloster in der Żytnia-Straße eine Vision, in der Jesus ihr zeigte, dass sie zur Ehre der Altäre erhoben werden, zuvor aber viele Demütigungen erleben wird. „Einmal erblickte ich eine große Menschenmenge in unserer Kapelle, vor der Kapelle und auf der Straße, denn sie fanden keinen Platz. Die Kapelle war festlich geschmückt. Am Altar waren viele Geistliche, dann unsere Schwestern und viele andere Kongregationen. Alle warteten auf eine Person, die am Altar Platz nehmen sollte. Plötzlich hörte ich eine Stimme sagen, ich solle diesen Platz einnehmen. Als ich aber die Wohnung, also den Korridor verließ, um über den Hof zu gehen und der Stimme, die mich rief, in die Kapelle zu folgen, fingen alle an mich zu bewerfen, jeder, womit er konnte: mit Schmutz, Steinen, Sand und mit Besen – sodass ich im ersten Moment unschlüssig wurde, ob ich weitergehen sollte, doch die Stimme rief mich noch

Stanisław Kowalski (1868-1946), Helenas Vater, stammte aus Świnice Warckie. Seine zukünftige Frau Marianna Babel lernte er in Dąbie kennen, wo er in einem Brauhaus arbeitete.

Auf Seite 25: Der Barmherzige Jesus, der heute auf der ganzen Welt verehrt wird, zeigte sich Faustyna 1931 zum ersten Mal in dieser Gestalt. Seit diesem Zeitpunkt war es eine der wichtigsten Aufgaben Faustynas, diesen Moment auf einem Gemälde festzuhalten.

…und Karol, der zum hl. Johannes Paul II. wurde

DIE APOSTEL DER GÖTTLICHEN BARMHERZIGKEIT

Dieses Foto von Schwester Faustyna wurde 1931 in Płock aufgenommen.

eindringlicher; so ging ich trotz allem mutig weiter. Als ich die Schwelle zur Kapelle überschritt, fingen die Vorgesetzten, die Schwestern und die Schülerinnen, sogar die Eltern, an, auf mich einzuschlagen, womit jeder nur konnte, so dass ich nun, ob ich wollte oder nicht, schnell zum vorgesehenen Platz am Altar hinaufgehen musste, und sofort streckten dieselben Menschen, die Schülerinnen, die Schwestern, die Vorgesetzten und die Eltern ihre Hände nach mir aus und baten um Gnaden, und ich war ihnen nicht böse, dass sie mich mit allerlei beworfen hatten, und fühlte, eigenartig, eine besondere Liebe zu den Personen, die mich gezwungen hatten, den vorgesehenen Platz schneller einzunehmen. In dem Augenblick ergoss sich in meine Seele ein unfassbares Glücksgefühl, und ich hörte die Worte: *Tu, was du willst, verschenke Gnaden, wie du willst, an wen du willst und wann du willst.* Plötzlich verschwand das Gesehene" (TB 31).

4.

Im Mai oder Juni des Jahres 1930 wurde Schwester Faustyna zum zweiten Mal ins Kloster nach Płock geschickt. Dort sollte sich ihr Christus in jener Gestalt zeigen, die wir heute als Barmherzigen Jesus kennen, was am 22. Februar 1931 geschah. Schwester Faustyna hatte soeben ihre Zelle betreten, als sich ihr Jesus in einem weißen, bodenlangen Gewand zeigte. Die rechte Hand hielt Christus zum Segen gehoben, mit der linken berührte er sein Kleid auf Brusthöhe. Aus einer Öffnung des Gewands flossen zwei Strahlen, der eine blass, der andere rot. Da sagte Jesus zu ihr: „*Male ein Bild, nach dem, was du siehst, mit der Unterschrift: Jesus, ich vertraue auf Dich. Ich wünsche, dass dieses Bild verehrt wird, zuerst in eurer Kapelle, dann auf der ganzen Welt. Ich verspreche, dass jene Seele, die dieses Bild verehrt, nicht verlorengeht. Ich verspreche auch, hier schon auf Erden, den Sieg über Feinde, besonders in der Stunde des Todes. Ich selbst werde sie verteidigen, wie meine Ehre*" (TB 47-48).

Als Faustyna ihrem Beichtvater davon erzählte, hielt dieser sie an, das Bild Jesu in ihrer Seele zu malen. Aber als sie den Beichtstuhl verließ, sagte Christus in ihr: „*In Deiner Seele besteht Mein Bild. Ich wünsche ein Fest der Barmherzigkeit. Ich wünsche, dass das Bild, welches du mit dem Pinsel malen wirst, am ersten Sonntag nach Ostern feierlich geweiht wird. Dieser Sonntag soll das Fest der Barmherzigkeit sein. Ich wünsche, dass die Priester Meine große Barmherzigkeit gegenüber sündigen Seelen verkünden sollen. Der Sünder soll keine Angst haben, sich mir zu nähern. Die Strahlen der Barmherzigkeit verzehren mich, Ich will sie auf die Seelen der Menschen ausgießen*" (TB 49-50). Schwester Faustyna wusste in diesem Moment noch nicht, dass 69 Jahre vergehen sollten, ehe dieses Fest tatsächlich eingeführt wurde.

Die Apostelin der Göttlichen Barmherzigkeit musste sich sehr anstrengen und vieles ertragen, bevor durch sie die Worte Christi zuerst zu ihren Vorgesetzten und später zur ganzen Welt vordringen konnten. Allein das Erstellen des Gemäldes war ein Problem, da Faustyna ja nicht malen konnte. Und wie soll man ein Bild aus der eigenen Seele einem Künstler beschreiben, damit dieser es dann malt? Sie litt auch unter ihren Mitschwestern, die Faustyna ärgerten und nicht glaubten, was sie sagte, sondern ihr auch noch Hochmut und Geltungsdrang unterstellten. Auch die Mutter Oberin Michaela Moraczewska war äußerst skeptisch, ebenso die bis dato immer liebenswürdige Janina Bartkiewicz. Und eigentlich ist das auch nicht wirklich verwunderlich, denn in den verschiedenen Orden finden sich immer wieder Personen mit psychischen Problemen. Es erfordert viel Zeit und Erfahrung hier die Spreu vom Weizen zu trennen. Derweil drängte Christus Faustyna zum Handeln: *„Sei dir bewusst, wenn du die Sache mit dem Malen des Bilds vernachlässigst und das ganze Werk der Barmherzigkeit, wirst du am Tage des Gerichts für eine große Anzahl von Seelen Rechenschaft ablegen müssen.* Nach diesen Worten des Herrn überkam meine Seele Furcht und Angst. Ich konnte mich nicht selber beruhigen. Die Worte klangen nach, dass ich nicht nur mich selbst zu verantworten habe am Tag des Gottesgerichts, sondern auch andere Seelen. Diese Worte drangen tief in mein Herz ein" (TB 154). Wenn alldem nicht genug wäre, verschlechterte sich auch der Gesundheitszustand Faustynas immer weiter. Sie verspürte starke Schmerzen, verursacht durch eine Lungen- und Darmtuberkulose, die jedoch leider nicht rechtzeitig diagnostiziert wurde.

Im November 1932 verließ Faustyna Płock und kam zur sog. dritten Probezeit nach Warschau, die sie auf die Ablegung der ewigen Profess vorbereiten sollte. Erneut war dies eine schwere Zeit für sie, Trost spendeten allerdings die Worte Christi: *„Meine Tochter, Ich wünsche, dass dein Herz nach Vorbild Meines Barmherzigen Herzens gebildet wird. Du sollst mit Meiner Barmherzigkeit ganz durchtränkt sein"* (TB 167). Mit diesen Worten im Ohr fuhr sie noch im selben Monat nach Walendów, wo sie ihre Exerzitien abzuhalten hatte. Dort sollte die den klugen und umsichtigen Priester Edmund Elter kennenlernen, der zu ihrem Beichtvater wurde. Als erster verstand er ihr Seelenleben und bestätigte sie in der Wahrhaftigkeit ihrer geistigen Erlebnisse: „Seien Sie nur ganz ruhig, Schwester. Jesus ist Ihr Meister und Ihr Kontakt mit Jesus ist weder eine Hysterie, noch eine Träumerei, noch eine Einbildung. Schwester, Sie sind auf dem richtigen Weg. Bleiben Sie dieser Gnade treu und ängstigen Sie sich nicht wegen ihr." Elter empfahl Faustyna darüber hinaus um einen guten Seelsorger zu beten.

Erinnerungsfoto an die Erstkommunion, die Karol Wojtyła am 25. Mai 1929, einen Monat nach dem Tod der Mutter, empfing.

5.

Zur gleichen Zeit war der um 15 Jahre jüngere Karol Wojtyła, der 49 Jahre später Papst werden und die Mission Faustynas fortsetzten sollte, Schüler der Grundschule in Wadowice und leider schon Halbwaise, da am 13. April 1929 seine Mutter Emilia gestorben war. Dieses Ereignis erschütterte den sensiblen Jungen kurz vor seiner Erstkommunion, auf die er sich gewissenhaft vorbereitete, indem er den Katechismus lernte. Besonders stolz war er auf seinen älteren Bruder Edmund, der sich im vorletzten Jahr seines Medizinstudiums befand. Karol Wojtyła Senior, der bereits im militärischen Ruhestand war, musste von nun an den Haushalt führen und das jüngere der beiden Kinder großziehen.

Um diese Aufgabe zu meistern, führte der Vater einen streng geregelten Alltag ein. Nach der Rückkehr des Sohnes aus der Schule gingen die beiden in eine nahe gelegene Wirtschaft zum Mittagessen. Danach hatte der kleine Karol zwei Stunden zum Spielen, woraufhin Zeit zum Lernen angesagt war. Am Abend gingen die beiden spazieren. Der Sohn beobachtete seinen Vater häufig auf Knien im Gebet vertieft. Karol Wojtyła Senior lehrte sein Kind die Gebete zum Heiligen Geist und zeigte ihm das Heiligtum der Unbeschuhten Karmeliten, wo sein Sohn das braune Skapulier annahm. Er sollte es nie wieder abnehmen. Karol Junior ging häufig, nicht nur sonntags in die Kirche und wurde dann auch Ministrant. Bereits im Kindesalter konnte er inbrünstig beten. Gemeinsam mit dem Vater machten sie kleine Exkursionen, denn für richtige Reisen fehlte ihnen das Geld. Obwohl er ernster war als seine gleichaltrigen Freunde, hatte Karol ein fröhliches Gemüt, das er bis an sein Lebensende beibehalten sollte. Er spielte gern mit seinen Freunden, lief gern und spielte viel Fußball. Er war ein ausgezeichneter Schüler und half jenen, die Probleme beim Lernen hatten. Schon in diesem Alter zeigten sich auch seine künstlerische Veranlagung und sein schauspielerisches Talent, als er an Gedichtwettbewerben teilnahm.

Im Advent des Jahres 1932 bereitete sich Karol Junior freudig und intensiv auf Weihnachten vor und besuchte oft die Roratenmesse, als ihn der nächste Schicksalsschlag ereilte. Sein älterer Bruder Edmund, mittlerweile angesehener Arzt in Bielsko, starb völlig unerwartet am 5. Dezember 1932. Er hatte sich von einer Patientin mit Scharlach angesteckt. Der zukünftige Papst war nunmehr ganz allein mit seinem Vater.

Im August 1933 wurde der Wadowicer Priester und bisherige Religionslehrer Karols Kazimierz Figlewicz zum Vikar der Wawel-Kathedrale befördert, er blieb aber Karols Beichtvater und Seelsorger. Im folgenden Jahr lud Figlewicz seinen Schützling nach Krakau ein, um gemeinsam das Triduum Sacrum zu feiern. Dieses Ereignis hinterließ einen bleibenden Eindruck auf dem Gymnasiasten, der sich später als Erzbischof von Krakau daran erinnerte: „Ich werde nie vergessen, wie ich diese Worte und diese Liturgie im Umfeld der Kathedrale von Wawel erlebt habe. Ich war ein Jugendlicher und betrat die Kathedrale am späten Nachmittag des Karmittwochs, als zum ersten Mal die Karmette gesungen wurde. [...] Später dachte ich noch oft an dieses Erlebnis, das ich nie wieder in diesem Maße derart intensiv gespürt habe, auch nicht in derselben Kathedrale. Dieses Erlebnis war einmalig, denn es war eine große Entdeckung."

6.

Gegen Ende des Karnevals im Jahr 1933 hörte Faustyna während einer Vision folgende Worte Jesu: „*Ich möchte, dass du Meine Liebe, in der Mein*

Herz zu den Seelen entflammt ist, tiefer kennenlernst. Du wirst das verstehen, wenn du Mein Leiden betrachtest. Rufe Meine Barmherzigkeit für die Sünder an. Mich verlangt es nach ihrer Erlösung. Wenn du für einen Sünder folgendes Gebet mit zerknirschtem Herzen und im Glauben verrichtest, schenke ich Ihm die Gnade der Umkehr. Das Gebet ist: O Blut und Wasser, aus dem Herzen Jesu als Quelle der Barmherzigkeit für uns entströmt – ich vertraue auf Dich" (TB 186-187).

Ende April kam Schwester Faustyna nach Krakau-Łagiewniki, um im dortigen Kloster jene Exerzitien abzuhalten, die sie auf die ewige Profess vorbereiten sollten. „Wenn ich bedenke, dass ich in einigen Tagen durch die ewigen Gelübde mit dem Herrn eins werden soll, erfüllt meine Seele so unbegreifliche Freude, dass ich sie gar nicht beschreiben kann" (TB 231). Die feierliche Zeremonie fand am 1. Mai in Łagiewniki unter der Leitung des Krakauer Bischofs Stanisław Rospond statt, von dem Faustyna einen goldenen Ring mit dem Schriftzug „Jesus" bekam. „Im Augenblick, als mir der Bischof den Ring auf den Finger streifte, durchdrang Gott mein ganzes Wesen und weil ich das nicht auszudrücken vermag, will ich diesen Augenblick im Schweigen belassen. Seit dem Gelübde ist mein Umgang mit Gott so innig wie nie zuvor. Ich fühle, dass ich Gott liebe und ich fühle, dass Er mich liebt. Nachdem meine Seele Gott gekostet hat, könnte sie ohne Ihn nicht leben. Mir ist eine Stunde am Fuße des Altars in größter seelischer Dürre lieber als hundert Jahre weltlicher Wonne. Ich will lieber im Kloster ein unbedeutsames Aschenbrödel sein als draußen in der Welt eine Königin" (TB 254).

Nach dem Gelübde strahlte Faustyna regelrecht, deswegen verspotteten sie einige ihrer Mitschwestern ausgerechnet als... Königin. Derweil war sie die einzige, die wirklich wusste, mit welchem König sie nun vermählt war und wie dieser aussah. In den folgenden Tagen hatte sie wieder eine Vision: „Ich fühlte ganz deutlich, dass der Herr mit mir war. Nach einer Weile erblickte ich den Herrn, ganz mit Wunden bedeckt. Er sagte zu mir: *Siehe, mit wem du vermählt bist.* Ich begriff die Bedeutung dieser Worte und erwiderte dem Herrn: Jesus, ich liebe Dich mehr, wenn ich Dich so verwundet und abgezehrt sehe, als wenn ich Dich in Herrlichkeit sehen würde. Jesus fragte: *Weshalb?* Ich entgegnete: Große Herrlichkeit bestürzt mich Geringe – ein Nichts, das ich bin – aber Deine Wunden ziehen mich an Dein Herz und erzählen mir von Deiner großen Liebe zu mir. Nach diesem Gespräch stelle sich Schweigen ein. Ich schaute auf Seine heiligen Wunden und fühlte mich glücklich, mit Ihm zu leiden. Leidend litt ich nicht, denn ich fühlte mich glücklich durch die Erkenntnis Seiner Liebe, und die Stunde verrann mir, als wäre es eine Minute" (TB 252).

Faustyna verbarg ihre Nähe zum Herrn nun vor ihren Schwestern und dachte an die Worte von Edmund Elter. Sie sprach nur mit ihrem Krakauer Beichtvater Pater Józef Andrasz darüber, von dem sie vor ihrer Abreise nach Vilnius folgendes schrieb: „Heute beichtete ich bei Pater Andrasz, dem Priester, der großen Geist Gottes besitzt, der meine Flügel geöffnet hat – für den Flug zu den größten Höhen. Er beruhigte mich in allem und hieß mich, an Gottes Vorsehung zu glauben – vertraue und gehe mutigen Schrittes. Nach dieser Beichte empfing ich eine

Helena, die zur hl. Schwester Faustyna wurde...

Im Ostteil des Kreuzgangs in der Wawelkathedrale befindet sich der Altar mit dem Schwarzen Kreuz, das auch Hedwigskreuz genannt wird. Der Überlieferung nach soll Jesus vom Kreuz aus zur jungen Hedwig gesprochen und sie zur Ehe mit Ladislaus Jagiełło überzeugt haben, was für Polen zum Glücksgriff werden sollte. Am 8. Juni 1997 sprach Johannes Paul II. Hedwig in Krakau selig.

eigentümliche Kraft Gottes. Der Pater betonte, dass ich der Gnade Gottes treu bleiben solle und sagte: Wenn du weiterhin diese Schlichtheit und diesen Gehorsam bewahrst, geschieht dir nichts Böses. Vertrau auf Gott, du bist auf gutem Weg und in guten Händen – in den Händen Gottes" (TB 257).

Faustyna wartete dennoch immer noch auf den richtigen Seelsorger und auch auf jemanden, der das Bild malen könnte. Ende Mai brach sie ins Kloster nach Vilnius auf. Ihr wurde die Aufgabe der Gärtnerin zugeteilt, obwohl sie sich nie zuvor mit Pflanzen beschäftigt hatte und somit auch kein diesbezügliches Wissen besaß. Darüber hinaus war dies eine anstrengende körperliche Arbeit, sie wurde hingegen immer schwächer. Und doch war es gerade in Vilinius, wo sie den Priester und Theologiedozenten der Stefan Batory-Universität Michał Sopoćko kennenlernte, der eine große und wichtige Rolle in Faustynas Leben und in der Mission der Verkündigung der Göttlichen Barmherzigkeit spielen wird. Faustyna beschrieb ihre erste Begegnung folgendermaßen: „Die Woche der Beichte rückte heran und zu meiner Freude sah ich den Priester, den ich schon vor meinem Eintreffen in Wilno kannte. Ich kannte ihn aus der Erscheinung. Da hörte ich in meiner Seele die Worte: *Das ist Mein treuer Diener, er wird dir dazu verhelfen, Meinen Willen hier auf Erden zu tun*" (TB 263).

Michał Sopoćko war ein erfahrener und scharfsinniger Pönentiar, der schon einiges im Beichtstuhl gehört hatte, und doch glaubte auch er Faustyna nicht auf Anhieb. In seinen später verfassten Memoiren gab er an, dass Faustyna seine Aufmerksamkeit erregt hat, da sie „ein unglaublich zartes Gewissen und eine enge Einheit mit Gott hatte. Meistens hatte sie keine Sünden, die einer Absolution bedurft hätten und sie hat nie schwer gesündigt. Schon am Anfang teilte sie mir mit, dass sie mich aufgrund einer Vision schon seit langer Zeit kenne und ich ihr Seelsorger werden soll, damit ich ihr helfen kan, einen Plan Gottes zu verwirklichen, den sie mir mitteilen werde. Ich legte keinen größeren Wert darauf und setzte sie einer gewissen Probe aus, die zur Folge hatte, dass Schwester Faustyna mit Erlaubnis ihrer Oberin begann einen anderen Beichtvater zu suchen. Nach einiger Zeit kam sie zu mir zurück und erklärte, dass sie alles hinnehmen, mich aber nicht mehr verlassen werde."

Michał Sopoćko ordnete Faustyna an, das Tagebuch zu führen. Er begann hingegen, ein Professor der Theologie, unter dem Einfluss von Faustyna eindringlich die Lehre der Göttlichen Barmherzigkeit zu studieren, wozu er die Bibel und die Werke zahlreicher Theologen las. Er versuchte dort die Begründung für die Worte zu finden, die ihm von der Mystikerin mitgeteilt wurden. Während der Beichten erfuhr der Seelsorger, dass „Faustyna schon seit Jahren Sinnes- und Geisteswahrnehmungen erlebt und übernatürliche Worte hört, die sie mittels Gehör, Eingebung und Verstand wahrnimmt." Sopoćko wollte zuallererst ausschließen, dass Faustyna nicht unter einer psychischen Krankheit, Halluzinationen, Hyperaktivität oder einer emotionalen Instabilität leidet und bat deswegen ihre Vorgesetzten und Mitschwestern um deren Meinung. Danach bat er Faustyna, sie möge eine genaue psychiatrische Untersuchung über sich ergehen lassen. Für sie war das ein schmerzhaftes Erlebnis, für das große Ganze war es allerdings unabdingbar. „Und auch nachdem mir die Ärzte versichert hatten, dass mit Faustynas psychischer Gesundheit alles in allerbester Ordnung ist, blieb ich abwartend, glaube ihr immer noch nicht ganz, ich betete viel, forschte weiter und bat weise, erfahrene Priester um Rat, was ich denn tun solle, ohne genau zu sagen, um wen es ging," gab Michał Sopoćko nach Jahren zu. „Es ging mir nämlich um die angeblichen und entschiedenen Forderungen Jesu, das Bild so zu malen, wie Schwester Faustyna es sah, und noch das Fest der Barmherzigkeit am ersten Sonntag nach Ostern einzuführen. Letztendlich entschied ich mich dazu das Bild malen zu lassen, wobei mich eher die Neugier trieb, als der Glaube, dass das Gemälde und Faustynas Vision davon echt sein könnten. Ich traf eine Vereinbarung mit dem Künstler Eugeniusz Kazimirowski, der mit mir in einem Haus wohnte und sich bereit erklärte für eine bestimmte Summe das Bild zu malen. Die Mutter Oberin erlaubte Faustyna zwei Mal die Woche den Maler zu besuchen, um ihm mitzuteilen wie das Bild aussehen solle."

Im Juni oder Juli 1934 war es dann so weit und das Gemälde nach den detaillierten Instruktionen von Schwester Faustyna war fertig. Leider war es eine riesige Enttäuschung, was im Tagebuch nachzulesen ist. „Als ich bei dem Künstler war, der das Bild malt, sah ich, dass es nicht so schön wird, wie Jesus wirklich ist. Das betrübte mich sehr, doch ich verbarg es tief in meinem Herzen. Auf dem Rückweg vom Maler blieb die Mutter Oberin in der Stadt, um Verschiedenes zu erledigen. Ich kehrte allein nach Hause zurück. Sofort begab ich mich in die Kapelle und weinte bitterlich. Ich sagte zum Herrn: Wer vermag Dich so schön zu malen, wie Du bist? Darauf hörte ich folgende Worte: *Nicht in der Schönheit der Farben oder des Pinselstrichs liegt die Größe dieses Bildes, sondern in Meiner Gnade"* (TB 313). Das Bild wurde dennoch nicht öffentlich ausgestellt, sondern in einem dunklen Korridor des Bernhardinerinnenklosters aufgehängt, von wo es nur abgenommen wurde, um zu Fronleichnam einen Altar zu schmücken.

Einige Zeit später verlor Schwester Faustyna aufgrund eines Sonnenstichs das Bewusstsein. Es stand so schlecht um sie, dass Michał Sopoćko ihr das Sakrament der Krankensalbung spendete. Faustyna hingegen wusste, dass ihre Zeit noch nicht gekommen war. Im Oktober sah sie über der Klosterkapelle in Vilnius Christus wieder so, wie sie ihn in Płock gesehen hat. Der rote und der blasse Strahl gingen von Jesus aus auf das Gotteshaus, das Krankenhaus und die ganze Welt.

Am 15. Februar 1935 fuhr Faustyna nach zehn Jahren im Kloster zu einem Besuch nach Hause nach Głogowiec. Ihre Eltern lebten noch und das Treffen blieb Faustyna als rührendes Ereignis lange in Erinnerung. Gleichzeitig sahen sie sich leider zum letzten Mal. „Nach der Begrüßung knieten wir alle gleich nieder und dankten Gott für die Gnade, dass wir uns noch einmal im Leben sehen konnten. Als ich sah, wie mein Vater betete, schämte ich mich sehr, dass ich nach so vielen Jahren im Kloster nicht so andächtig und innig beten konnte; so danke ich auch Gott unentwegt für solche Eltern" (TB 397-398).

Am Karfreitag erschien Jesus Schwester Faustyna um drei Uhr nachmittags, als sie gerade die Kapelle betrat: *„Ich wünsche, dass dieses Bild öffentlich*

DIE APOSTEL DER GÖTTLICHEN BARMHERZIGKEIT

verehrt wird" (TB 414). Die Nonne wandte sich erneut an Michał Sopoćko um Hilfe. Christus verlangte nämlich, dass das Bild an den letzten drei Tagen des Heiligen Jahrs der Erlösung in der Ostra Brama (auch Spitzes Tor genannt) von Vilnius ausgestellt werden sollte. Also genau in einer Woche.

„Als das Bild ausgestellt worden war, sah ich eine lebendige Bewegung der Hand Jesu; er machte ein großes Kreuzzeichen. Am selben Abend, als ich mich zur Ruhe gelegt hatte, sah ich, wie das Bild über der Stadt ging. Die Stadt war mit Schlingen und Fangnetzen bestückt. Als Jesus vorüberging, durchschnitt Er alle Schlingen und zeichnete am Ende ein großes Kreuz und entschwand. Ich sah mich inmitten vieler boshafter Gestalten, die mir großen Hass entgegensprühten. Aus ihrem Mund kamen verschiedene Drohungen, doch keine von ihnen berührte mich. Nach einer Weile verschwand die Erscheinung, aber ich konnte lange nicht einschlafen" (TB 416).

Am Freitag nach Ostern, dem 26. April 1935, hielt Michał Sopoćko die erste Predigt über die Göttliche Barmherzigkeit, was Jesus schon lange Zeit verlangt hatte. Schwester Faustyna schrieb dazu im Tagebuch: „Als er von der großen Barmherzigkeit des Herrn sprach, nahm das Bild lebendige Gestalt an und die Strahlen drangen in die Herzen der Versammelten, jedoch nicht in gleichem Maße. Einige erhielten mehr, andere weniger. Meine Seele war beim Anblick dieser Gnade Gottes von großer Freude erfüllt. Ich hörte die Worte: *Du bist Zeuge Meiner Barmherzigkeit, ewig wirst Du vor Meinem Thron stehen als lebendiger Zeuge Meiner Barmherzigkeit.* Als die Predigt zu Ende war, wartete ich nicht bis zum Schluss der Andacht, weil ich es eilig hatte, nach Hause zu kommen. Nach wenigen Schritten versperrte mir eine Menge Teufel, die mir furchtbare Qualen androhten, den Weg. Ich hörte Stimmen: Sie hat uns alles entwendet, woran wir so viele Jahre gearbeitet haben. Als ich sie fragte: Woher seid ihr so viele?, entgegneten mir die boshaften Gestalten: Aus den Herzen der Menschen, quäle uns nicht" (TB 417-418).

Zum Ende des Heiligen Jahres 1933, das zur Erinnerung an des 1900-jährige Jubiläum des Todes und der Auferstehung Christi gefeiert wurde, wurde das Gemälde des Barmherzigen Jesu in der Ostra Brama ausgestellt und drei Tage lang öffentlich verehrt. Das Bild war schon aus der Ferne sichtbar. „Jetzt sehe ich, dass das Erlösungswerk mit dem vom Herrn verlangten Werk der Barmherzigkeit verbunden ist," schrieb die Apostelin der Barmherzigkeit (TB 89). Am ersten Sonntag nach Ostern – dem „Fest der Göttlichen Barmherzigkeit", wie ihn Faustyna im Tagebuch nennt – schlug ihr „Herz vor Freude darüber, dass diese zwei Feierlichkeiten so innig miteinander verbunden sind. Ich bat Gott um Barmherzigkeit

Der selige Priester Michał Sopoćko (1888-1975) war Professor der Theologischen Fakultät der Stefan Batory-Universität in Vilnius. In einer Vision sah Faustyna, dass er ihr Seelsorger und Berater werden soll.

für die sündigen Seelen. Nach der Andacht nahm der Priester das Allerheiligste, um den Segen zu erteilen. In dem Augenblick sah ich Jesus, so wie im Bild. Der Herr segnete und die Strahlen gingen über die ganze Welt. Da erblickte ich eine unzugängliche Helligkeit, wie eine Wohnung aus Kristall, die aus Lichtwellen geflochten und weder Geschöpfen noch Geistern zugänglich war. In dieser Helligkeit sah ich drei Türen – und Jesus ging in solcher Gestalt wie auf dem Bild in dieses Licht hinein – durch die zweite Tür – ins Innere der Einheit. Das ist die Dreieinigkeit, die unbegreifliche Unendlichkeit ist. Ich hörte eine Stimme: *Dieses Fest kommt aus dem Inneren Meiner Barmherzigkeit und ist in den Tiefen Meines Erbarmens bestätigt. Jeder gläubigen und Meiner Barmherzigkeit vertrauenden Seele wird Barmherzigkeit zuteil"* (TB 420).

Die Feierlichkeiten in Vilnius führten allerdings nicht dazu, dass das Fest der Barmherzigkeit offiziell anerkannt wurde und auch eine Verehrung des Barmherzigen Jesu verbreitete sich nicht. Zu dieser Zeit gab es auch noch keine theologische Lehre, die ein Fest des Barmherzigen Jesu begründet hätte. Darüber hinaus war auch der Erzbischof von Vilnius, Romuald Jałbrzykowski, kein Befürworter des neu entstehenden Kults und wandte sich deswegen nicht an Rom, damit man ihn dort eventuell hätte bestätigen können. Aus heutiger Sicht ist es nur schwer vorstellbar, warum er sich nicht für den Fall der Schwester Faustyna interessiert oder auch nur aus purer Neugier nachgesehen hat, um ein Vieraugengespräch mit ihr zu führen und ihre Sichtweise kennenzulernen. Zumal es bereits sicher war, dass Faustyna nicht psychisch krank ist, was ärztliche Gutachten bestätigten, und sie in Michał Sopoćko einen Befürworter und Beichtvater hatte, der ein angesehener und anerkannter Geistlicher war. Ebenso wenig an der Mystikerin interessiert war später der Krakauer Erzbischof Adam Sapieha. Wer weiß, ob die beiden nicht anders reagiert hätten, wenn sie Faustyna persönlich und den Inhalt des Tagebuchs gekannt hätten...

An dieser Stelle gilt es festzuhalten, dass das kontemplative Klosterleben Faustyna einerseits Stille, die Möglichkeit zum Gebet, Einsamkeit, Augenblicke der Meditation und die Nähe zu Gott gaben, aber ihr andererseits vieles unmöglich machten, das für eine Person in der Welt völlig selbstverständlich ist, die es gewohnt ist, eigene Entscheidungen zu treffen. Aber hinter der Klausur muss man stets die Vorgesetzten um Erlaubnis fragen. Sie konnte nicht eigenständig handeln und zum Beispiel zum Erzbischöflichen Palais gehen um um eine Audienz beim Bischof zu bitten. Sie durfte dem Papst auch keinen Brief schreiben.

Zwischenzeitlich war ein Monat seit der Ausstellung des Bildes vergangen und Faustyna erhielt schon die nächsten Aufgaben von Christus, auch wenn

Anfangs glaubte Faustynas Beichtvater Michał Sopoćko den Erzählungen der Ordensfrau nicht. Als er die Sache zu prüfen begann, änderte sich seine Einstellung und er half Faustyna das Gemälde des Barmherzigen Jesu fertigzustellen. Nach dem Krieg hielt er Vorlesungen im Priesterseminar von Białystok und wurde am 21. August 2008 seliggesprochen.

Schwester Faustyna mit ihrer Familie, die sie am 15. Februar 1935 zum letzten Mal besuchte. Von links stehend: Wanda, Józefas Stiefsohn, Mieczysław, Gienia, Stanisław und Józefa. Sitzend: ein Onkel und eine Tante Faustynas väterlicherseits, Mutter Marianna mit Enkeltochter und Vater Stanisław. Vor ihnen die Kinder Józefas, Jaś und Ania.

sie die vorigen noch nicht zur Gänze abgeschlossen hatte. Im Mai erhielt sie folgende Anweisung: *„Du wirst die Welt auf Meine endgültige Wiederkunft vorbereiten"* (TB 429). Die Apostelin der Göttlichen Barmherzigkeit notiert an anderer Stelle: „Als ich einmal erschöpft vom Kampf der Liebe mit Gott und meinen steten Ausreden, zur Vollendung dieses Werks nicht fähig zu sein, die Kapelle verlassen wollte, hielt mich irgendeine Kraft zurück und ich fühlte mich ohnmächtig. Da hörte ich die Worte: *Du beabsichtigst aus der Kapelle zu gehen, doch aus Mir kannst du nicht hinaus, weil Ich überall zugegen bin; aus dir selbst wirst du nichts vollbringen, doch mit Mir vermagst du alles"* (TB 429). Einen Monat später empfing sie die nächste Anweisung: *„Du wirst gemeinsam mit deinen Mitschwestern Barmherzigkeit für euch selbst und die ganze Welt erbitten"* (TB 435), was sie zunächst so verstand, dass sie die Kongregation der Muttergottes der Barmherzigkeit verlassen und einen eigenen Orden gründen sollte, für den Faustyna bereits eine Regel zu schreiben begann. In einer nächsten Vision hörte sie dann aber, dass sie die Welt in ihrer derzeitigen Kongregation auf das Kommen Jesu und für seine Barmherzigkeit vorbereiten könne.

Am Freitag, den 13. September 1935, erblickte Faustyna in ihrer Zelle einen Engel, „den Vollstrecker von Gottes Zorn. Er trug ein helles Gewand, sein Antlitz leuchtete. Unter seinen Füßen war eine Wolke, aus der Donner und Blitze hervorgingen in seine Hände, und erst aus seiner Hand heraus berührten sie die Erde. Als ich das Zeichen von Gottes Zorn sah, das die Erde treffen sollte, besonders aber eine bestimmte Stelle, die ich aus triftigen Gründen nicht

…und Karol, der zum hl. Johannes Paul II. wurde

nennen kann, bat ich den Engel, eine bestimmte Zeit innezuhalten und die Welt wird Buße tun. Meine Bitte war aber nichts angesichts des Göttlichen Zornes. Da erblickte ich die Heiligste Dreieinigkeit. Die Größe Ihrer Herrlichkeit durchdrang mich bis ins Innerste und ich wagte nicht, meine Bitte zu wiederholen. Im gleichen Augenblick fühlte ich in meiner Seele die Macht der Gnade Jesu, die in meiner Seele wohnt. Als mir diese Gnade bewusst geworden war, wurde ich augenblicklich vor den Thron Gottes entrückt. O wie groß ist unser Herr und Gott und wie unbegreiflich ist Seine Heiligkeit! Ich will mich nicht hinreißen lassen, seine Größe zu beschreiben, denn bald werden wir Ihn alle sehen, wie Er ist. Ich begann, Gott für die Welt zu bitten, mit innerlich vernommenen Worten.

Als ich so betete, sah ich die Ohnmacht des Engels, der die gerechte Strafe, die für die Sünden fällig war, nicht mehr ausüben konnte. Ich hatte noch niemals mit einer solchen inneren Macht gebetet wie damals. Die Worte, mit denen ich Gott anflehte, sind folgende: *Ewiger Vater, ich opfere Dir den Leib und das Blut auf, die Seele und die Gottheit Deines geliebten Sohnes, unseres Herrn Jesus Christus, für unsere Sünden und die der ganzen Welt. Um Seines schmerzhaften Leidens willen habe mit uns Erbarmen.*

Am anderen Morgen, als ich in die Kapelle kam, hörte ich innerlich die Worte: *So oft du die Kapelle betrittst, bete sofort das Gebet, das Ich dich gestern gelehrt habe.* Als ich das Gebet verrichtet hatte, hörte ich in der Seele die Worte: *Dieses Gebet ist zum Beschwichtigen Meines Zornes. Du wirst es neun*

Das erste Abbild des Barmherzigen Jesu wurde gemäß den Richtlinien Faustynas von Eugeniusz Kazimirowski gemalt und wird heute in der Kirche der Göttlichen Barmherzigkeit in Vilnius verehrt.

DIE APOSTEL DER GÖTTLICHEN BARMHERZIGKEIT

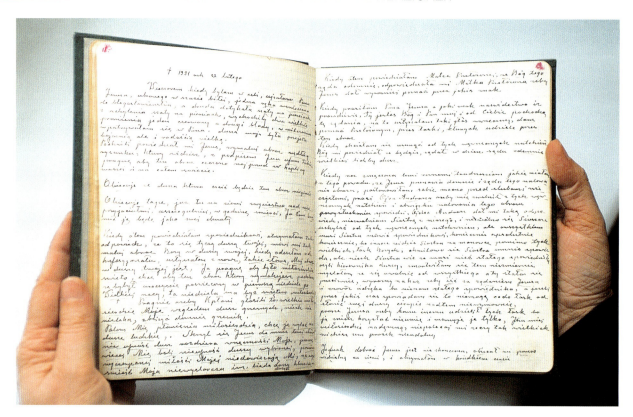

Tage lang wie den üblichen Rosenkranz beten, und zwar: Zuerst ein Vater unser und ein Gegrüßet seist Du Maria und das Glaubensbekenntnis, anschließend – an den Vaterunser-Perlen – die Worte: Ewiger Vater, ich opfere Dir den Leib und das Blut auf, die Seele und die Gottheit Deines geliebten Sohnes, unseres Herrn Jesus Christus, als Sühne für unsere Sünden und die der ganzen Welt. An den Gegrüßet-seist-Du-Maria-Perlen wirst du wie folgt beten: Um Seines schmerzhaften Leidens willen habe Erbarmen mit uns und mit der ganzen Welt. Zum Schluss wirst du dreimal die Worte wiederholen: Heiliger Gott, Heiliger Starker, Heiliger Unsterblicher – erbarme Dich unser und der ganzen Welt" (TB 474-476). So übergab Jesus Schwester Faustyna den Rosenkranz zur Barmherzigkeit Gottes.

    Faustynas Gesundheit leidet indes immer mehr und nun wird in Vilnius, leider viel zu spät, Tuberkulose in einem sehr fortgeschrittenen Stadium diagnostiziert. Die zukünftige Heilige verlässt Vilnius am 21. März 1936 und kehrt nach Warschau zurück, wobei sie einen kurzen Abstecher ins polnische Nationalheiligtum in Tschenstochau macht, um dort vor dem Gnadenbild der Mutter Gottes zu beten. In Warschau arbeitet sie zunächst im Gewächshaus und dann im Garten. Sie betet sehr viel, was einigen ihrer Vorgesetzten missfällt, die das als Faulheit werten. Ihre Krankheit erregt auch kein Mitleid bei ihren Mitschwestern, sie erhält keine Sonderbehandlung und erfährt keine Barmherzigkeit vonseiten ihrer Mitmenschen. Die Kranke wird nach Walendów geschickt und dann für einige Wochen nach Derdy, wo sie als Köchin arbeitet. Am 12. Mai kehrt sie nach Łagiewniki zurück, wo sie wieder ihren Beichtvater Pater Andrasz trifft. Er nimmt sich ihrer als Seelsorger an und wird dies auch bis zu ihrem Tod bleiben. Der Umstand, dass das Fest der Barmherzigkeit immer noch nicht eingeführt worden ist, macht Faustyna schwer zu schaffen. Schwester Faustyna war bereits so weit auf eigene Faust zum Papst zu reisen, was sie 1936 in einem Brief an Michał Sopoćko erwähnte, der ihr naturgemäß zu Geduld und Bedacht riet. In Anbetracht dieser Vorwürfe, die sie sich im Namen Jesu selbst machte, verblassten auch die Vorwürfe ihrer Mitschwestern gegen sie...

„Im Herbst 1937 begann sich der Gesundheitszustand von Schwester Faustyna wieder zu verschlechtern, deswegen wurde sie vom Garten zur Arbeit an der Pforte versetzt," schrieb Michaela Moraczewska, die Mutter Oberin der Kongregation. „Dort war sie sehr freundlich, nett und gut gegenüber den Armen. Als die Krankheit immer weiter fortschritt, mussten wir sie gemeinsam mit der ebenfalls an einer Lungenkrankheit leidenden Schwester Fabiola von den anderen Schwestern isolieren. Gott ließ es zu, dass die damalige Krankenschwester, die Faustyna noch aus Vilnius kannte, nicht wirklich an die Erlebnisse und Visionen glaubte, von denen mittlerweile schon ein wenig bekannt war. Eine andere Schwester hingegen hatte große Angst sich selbst mit der Tuberkulose anzustecken. So kam es, dass sie Krankenpflege recht schwankend ausfiel, wie ich später erst erfuhr. Schwester Faustyna beschwerte sich allerdings nicht darüber und erwähnte es erst, als ich im Frühling von Warschau nach Krakau kam. Und sie fügte auch gleich hinzu, dass sie es nur sage, um in Zukunft ähnliche Vorfälle vermeiden zu können. Daraufhin änderte die Krankenschwester ihre Einstellung." All dies – die Krankheit, die schweren Arbeiten, der Zweifel und die Spötteleien der Mitschwestern und die Gewissheit der eigenen Kraftlosigkeit gegenüber den Anforderungen Jesu – beginnt immer deutlichere Spuren zu hinterlassen.

7.

Zwischenzeitlich vertiefte sich Prof. Michał Sopoćko in Vilnius immer weiter in die Theologie der Göttlichen Barmherzigkeit. Aufgrund dessen und des Austausches mit Faustyna ist er nun mittlerweile überzeugt und beginnt den Kult der Barmherzigkeit zu verbreiten. „Mitte April 1936 fuhr Schwester Faustyna auf Anweisung der Mutter Oberin nach Walendów und dann nach Krakau, wohingegen ich mich näher mit der Idee der Göttlichen Barmherzigkeit auseinandersetzte und in den Schriften der Kirchenväter nach Stellen zu suchen begann, dass die Barmherzigkeit das größte der Merkmale Gottes sei, wie Faustyna es behauptete. Bei den neueren Theologen fand ich nämlich nichts darüber," schrieb Sopoćko in seinen Memoiren. „Mit großer Freude sah ich beim hl. Fulgentius und beim hl. Ildefons entsprechende Passagen, vor allem aber beim hl. Thomas und beim hl. Augustinus, der beim Kommentieren der Psalmen viel über die Barmherzigkeit schrieb und sie als größtes Merkmal Gottes bezeichnete. Ab diesem Zeitpunkt hatte ich keine Zweifel mehr daran, dass die Visionen Faustynas übernatürlich waren und ich begann in theologischen Zeitschriften Artikel über die Göttliche Barmherzigkeit zu veröffentlichen und

---

Auf Seite 38: Das Tagebuch Faustynas nannte Johannes Paul II. ein „in der Perspektive des 20. Jh. geschriebenes Evangelium der Barmherzigkeit." Es entstand in den Jahren 1934-1938 in Vilnius und Krakau. Heute ist es das meistgelesene polnische Buch und Faustyna die meistverkaufte polnische Autorin. Das Tagebuch wurde in Dutzende Sprachen übersetzt. Das Original befindet sich im Kloster in Łagiewniki.

Nach langem Herumirren zwischen den verschiedenen Häusern ihres Ordens wurde das neugotische Klostergebäude aus dem Ende des 19. Jh. zu Faustynas letztem Zuhause. Als sie 1936 schwer krank nach Krakau kam, hatte niemand vermutet, dass 70 Jahre später neben dem Kloster das riesige Heiligtum der Göttlichen Barmherzigkeit entstehen wird, das noch dazu von einem polnischen Papst geweiht werden sollte.

begründete auf theologischer sowie liturgischer Ebene, warum wir ein Fest der Göttlichen Barmherzigkeit am ersten Sonntag nach Ostern brauchen. Im Juni 1936 publizierte ich die erste Broschüre „Die Göttliche Barmherzigkeit" mit dem Abbild des Barmherzigen Jesu auf der Titelseite. Ich sandte sie an alle polnischen Bischöfe, die sich gerade zur Bischofskonferenz in Tschenstochau versammelt hatten, erhielt aber von keinem eine Antwort. 1947 publizierte ich in Posen die zweite Broschüre unter dem Titel „Die Göttliche Barmherzigkeit in der Liturgie", deren Rezensionen in den theologischen Zeitschriften sehr positiv ausfielen. Ich schrieb auch einige Artikel für ein paar Tageszeitungen in Vilnius, aber nirgendwo gab ich an, dass Schwester Faustyna die ‚causa movens' war."

Von da an war Sopoćkos Lebensmotto die Devise „niemals innehalten". „Selbst wenn die Kirche negativ entscheidet, darf man nicht innehalten. Auch wenn es an physischer und psychischer Kraft fehlen sollte – niemals innehalten. Die Tiefe der Göttlichen Barmherzigkeit ist nämlich unendlich und unsere Leben sind nicht lange genug, um sie zu preisen. Die Welt wird nicht mehr lange existieren und Gott möchte vor dem Ende den Menschen noch seine Gnade übergeben, sodass am Tag des Gerichts niemand behaupten kann, er hätte nicht von der Güte und Barmherzigkeit Gottes gehört."

Michał Sopoćko kümmert sich darum, dass Kopien und Reproduktionen des Bilds des Barmherzigen Jesu entstehen. Auf seine Bestellung hin fertigen in Vilnius unter anderem Łucja Bałzukiewiczówna, Władysław Skwarkowski und

...und Karol, der zum hl. Johannes Paul II. wurde

Piotr Siergiejewicz Kopien des Gemäldes von Kazimirowski an. Gebeten von Michał Sopoćko machte der Fotograf Michał Nowicki in den Jahren 1940-1945 150 000 Farbkopien des Bilds. Der Andrang war in den Jahren des 2. Weltkriegs enorm und diejenigen, die zum Barmherzigen Jesus beteten, erhielten viele Gnaden, sodass die Zahl seiner Verehrer schnell wuchs. Die polnischen Vertriebenen aus Vilnius, die ihr Leben an einem anderen Ort Polens fortsetzen mussten, verkündeten dort die Botschaft des Barmherzigen Jesu. Sie zeigten ihren Nachbarn und Freunden das Bild und sagten, dass sie nur dank ihm den Krieg überlebt haben.

8.

Im Jahr 1939 fand eine der Kopien des Gemäldes von Kazimirowski seinen Weg ins Kloster der Kongregation der Muttergottes der Barmherzigkeit in Płock, wo sich der Barmherzige Jesus Faustyna zum erstem Mal gezeigt hatte. Im Jahr 1940 wurde in der Klosterkapelle in Vilnius die Kopie von Łucja Bałzukiewiczówna aufgehängt, die den Schwestern von Michał Sopoćko geschenkt worden war. Die ersten Kopien des Bilds entstanden bereits im Jahr 1937 in der Krakauer Druckerei von Józef Cybulski. Die Apostelin der Göttlichen Barmherzigkeit war aber nicht begeistert davon. „Diese Bilder sind nicht so schön," schrieb sie in einem Brief an Michał Sopoćko. „Sie werden von jenen gekauft, die von der Gnade Gottes angezogen werden und so wirkt Gott selbst. Unsere Kongregation hat schon genug davon gekauft. Mutter Irene verbreitet

Winterblick auf das Vorkriegspanorama von Vilnius. In dieser Stadt entstand das erste Abbild des Barmherzigen Jesu, hier wurde es auch zum ersten Mal öffentlich gezeigt.

diese Bildchen und Büchlein. Angeblich sollen wir sie auch an der Pforte verteilen." Die Kopie für das Kloster der Kongregation in der Żytnia-Straße in Warschau fertigte der Lemberger Maler Stanisław Batowski an.

Ein Jahr bevor sie diese Welt verließ, hörte Schwester Faustina am 1. Oktober 1937 folgende Worte des Herrn: *„Tochter, Ich benötige ein mit Liebe erfülltes Opfer, denn nur dieses hat eine Bedeutung vor Mir. Groß sind die bei Mir aufgehäuften Schulden der Welt. Reine Seelen können sie mit Opfern abtragen, indem sie im Geiste Barmherzigkeit tun.* Ich verstehe Deine Worte, Herr, wie auch die Weite Deiner Barmherzigkeit, die in meiner Seele leuchten soll. Jesus: *Ich weiß, Meine Tochter, dass du sie verstehst und alles, was in deiner Macht ist, tust – aber schreibe das für viele Seelen auf, die sich manchmal grämen, weil sie keine materiellen Güter besitzen, durch die sie Barmherzigkeit ausüben könnten. Einen größeren Wert hat die Barmherzigkeit des Geistes, für die man weder eine Erlaubnis haben, noch einen Speicher besitzen muss, sie ist allen Seelen zugänglich. Wenn die Seele nicht in irgendeiner Weise Barmherzigkeit übt, wird sie am Tage des Gerichts Meine Barmherzigkeit nicht erfahren. Wenn doch die Seelen ewige Schätze ansammeln wollten, würden sie nicht gerichtet – sie würden mit Barmherzigkeit Meinem Urteil zuvorkommen"* (TB 1316-1317).

Im selben Monat erhielt Faustyna die Botschaft über die Stunde der Göttlichen Barmherzigkeit: *„Um drei Uhr flehe Meine Barmherzigkeit an, besonders für die Sünder. Vertiefe dich wenigstens kurz in Mein Leiden, von allem in Meine Verlassenheit während des Sterbens. Das ist die Stunde der großen Barmherzigkeit für die Welt. Ich erlaube dir, in Meine Todestrauer einzudringen. In dieser Stunde versage Ich nichts der Seele, die Mich durch Mein Leiden bittet"* (TB 1320).

Ein anderes Mal erklärt Jesus Schwester Faustyna genauer, was damit gemeint ist: *„So oft du die Uhr die dritte Stunde schlagen hörst, versenke dich ganz in Meiner Barmherzigkeit, verherrliche und preise sie. Rufe ihre Allmacht herab für die ganze Welt, besonders aber für die armen Sünder, denn jetzt steht sie für jede Seele weit geöffnet. In dieser Stunde kannst du alles für dich selbst und für andere erbitten. In dieser Stunde kam die Gnade für die ganze Welt. Barmherzigkeit besiegte die Gerechtigkeit. Meine Tochter, bemühe dich in dieser Stunde, den Kreuzweg abzuhalten. Wenn dir das aber nicht möglich ist, dann gehe für eine Weile in die Kapelle und verehre Mein Herz, das voller Barmherzigkeit im Allerheiligsten Altarsakrament verweilt. Falls dir auch das nicht möglich ist, versenke dich, wenn auch nur kurz, im Gebet, an dem Ort, wo du gerade bist. Ich verlange für Meine Barmherzigkeit Ehre von jedem Geschöpf, aber zuallererst von dir, denn dir gab ich dieses Geheimnis am tiefsten zu erkennen"* (TB 1572).

Der Gesundheitszustand der Apostelin der Göttlichen Barmherzigkeit verschlechtert sich immer weiter. Zwei Mal wird sie in eine städtische Krankeneinrichtung im Krakauer Stadtteil Prądnik geschickt. Erst ist sie vom 9. Dezember 1936 bis zum 27. März 1937 dort, dann vom 21. April bis zum 17. September 1938. Nach dem 2. Weltkrieg wurde diese Einrichtung zum Krankenhaus, das seit 1990 den Namen von Johannes Paul II. trägt.

Helena, die zur hl. Schwester Faustyna wurde...

Dieses Foto von Schwester Faustyna stammt aus einem Gruppenbild der Schwestern der Kongregation der Muttergottes der Barmherzigkeit und wurde in der Mitte der 30-er Jahre des 20. Jh. gemacht.

DIE APOSTEL DER GÖTTLICHEN BARMHERZIGKEIT

Der Barmherzige Jesus ist weltweit vor allem durch Bilder bekannt, aber er kann auch eine Inspiration für Bildhauer sein, wie an dieser Skulptur von Czesław Dźwigaj zu sehen ist, die vor der Leidenskapelle im Heiligtum in Łagiewniki steht.

…und Karol, der zum hl. Johannes Paul II. wurde

Obwohl bereits schwer krank und schon sehr schwach, nahm Faustyna keine Rücksicht auf sich selbst. Sie besuchte andere Kranke und spendete ihnen, so weit es ihre Kräfte zuließen, Trost. Sie nahm regelmäßig an der hl. Messe teil, beschwerte sich nicht und hatte keine Extrawünsche. Auf ihre eigene Bitte hin, verriet ihr Christus ihr Todesdatum. Dieses Geheimnis vertraute sie nur ihrem Beichtvater Michał Sopoćko an, der sie in Prądnik besuchte. „Am 26. September sagte sie mir, dass sie in zehn Tage sterben werde. Am 5. Oktober war sie tot." Sopoćko war kurz vor dem Tod Faustynas auch noch Zeuge eines anderen wichtigen Ereignisses. „Ein Mal habe ich Schwester Faustyna in Ekstase gesehen. Das war am 2. September 1938, als ich sie vor meiner Abreise nach Vilnius besuchte, um mich zu verabschieden. Ich war bereits einige Dutzend Meter weiter gegangen, als mir einfiel, dass ich doch einige ausgedruckte Exemplare von ihr gestalteter Gebete über die Göttliche Barmherzigkeit bei mir hatte. Ich kehrte sofort zurück, um sie ihr zu überreichen. Als ich die Tür zu ihrem Einzelzimmer öffnete, sah ich sie sitzend im Gebet vertieft, aber sie schwebte schon fast über ihrem Bett. Ihr Blick war auf etwas Unsichtbares geheftet und ihre Pupillen waren etwas geweitet, sie schien mich nicht zu bemerken und da ich sie nicht stören wollte, machte ich mich daran umzukehren. Sie kam allerdings zu sich, bemerkte mich und entschuldigte sich, dass sie weder mein Klopfen, noch mein Betreten vernommen hatte. Ich überreichte ihr die Gebete und verabschiedete mich, woraufhin sie antwortete: ‚Auf Wiedersehen im Himmel!'. Als ich sie am 26. September zum letzten Mal in Łagiewniki besuchte, wollte – oder viel mehr konnte – sie nicht mehr mit mir sprechen und sagte: ‚Ich bin beschäftigt und befinde mich in Anwesenheit unseres himmlischen Vaters.' Sie machte in der Tat den Eindruck eines himmlischen Wesens. Ich hatte überhaupt keine Zweifel mehr, dass ihre im Tagebuch erhaltene Beschreibung der hl. Kommunion, die sie im Krankenhaus von einem Engel erhalten habe, der Wahrheit entspricht."

Schwester Faustyna hat Michał Sopoćko unter anderem auch vorhergesagt, welch schreckliches Schicksal Polen ereilen soll („seufzend verbarg sie ihr Gesicht in ihren Händen, als ob sie das furchtbare Bild abwenden wollte"), wie das weitere Schicksal ihrer Kongregation aussehen wird und welche Schwierigkeiten und Verfolgungen Michał Sopoćko treffen sollten „aufgrund des Engagements zur Verbreitung der Göttlichen Barmherzigkeit und zur Festlegung des Festes am ersten Sonntag nach Ostern (dies war leichter zu erreichen, wenn man die Leute davon überzeugen konnte, dass dies ohnehin von Anfang an Gottes Absicht war)" – schrieb Michał Sopoćko in seinen Memoiren aus dem Jahr 1948.

Den letzten Brief an die Mutter Oberin Michaela Moraczewska schrieb Faustyna Ende August 1938. Er ist voller Dankbarkeit, Demut und sogar Unterwürfigkeit, die Apostelin der Barmherzigkeit bittet um Vergebung für all das, was sie in ihrem Ordensleben falsch gemacht haben könnte. Unterschrieben hat sie den Brief als „größtes Elend und Nichts". „Sie starb in völligem Einklang mit dem Willen Gottes," erinnerte sich Schwester Kajetana. „Während der letzten Gebete war sie ganz ruhig. Sie wollte keine schmerzlindernden Spritzen."

Im Christusalter von 33 Jahren ging Faustyna zum Herrn, am 5. Oktober 1938, also an jenem Tag, den ihr Jesus vorausgesagt hat. Sechs Stunden zuvor legte sie ihre letzte Beichte bei Pater Andrasz ab. Sie hatte ein Lächeln auf den Lippen und ihr schwindender Blick freute sich auf die Begegnung mit dem Herrn, die sie nicht mehr erwarten konnte. Um 22.45 Uhr schloss sie für immer ihre Augen. Obwohl sie sich selbst als Elend beschrieb, sollte die Saat ihres – scheinbar unscheinbaren – Lebens in den nächsten Jahren weltweit die größten Früchte bringen.

Bereits im ersten Heft ihres Tagebuchs (insgesamt waren es sechs) hielt sie fest: „Ich fühle deutlich, dass mein Auftrag mit meinem Tod nicht enden, sondern beginnen wird. Ihr zweifelnden Seelen, ich werde für euch den Vorhang des Himmels lüften, um euch von der Güte Gottes zu überzeugen – damit ihr nicht länger das Süßeste Herz Jesu durch Misstrauen verletzt. Gott ist die Liebe und die Barmherzigkeit" (TB 281).

Zum Begräbnis Faustynas, das drei Tage nach ihrem Tod am 7. Oktober stattfand, kamen „sehr viele Schwestern, die Jesuitenpadres und ein paar weltliche Personen", wie Schwester Kajetana notierte. Die hl. Messe wurde am Hauptaltar von Pater Władysław Wojtoń geleitet und am Herz-Jesu-Altar von Pater Tadeusz Chabrowski. Dieser Tag war auch der erste Freitag des Monats und das Fest der Mutter Gottes vom Rosenkranz. Dem Wunsch Faustynas entsprechend, kamen ihre Eltern nicht zum Begräbnis, da sie ihnen die Reisekosten nicht zumuten wollte. Kein einziger Bischof kam und auch Michał Sopoćko fehlte. In seinen Memoiren bemerkte er nur trocken: „Aufgrund von Zeitmangel konnte ich nicht zum Begräbnis kommen."

Die sterblichen Überreste von Schwester Faustyna befanden sich bis zum 25. November 1966 im kleinen Klosterfriedhof, wurden dann aber während des Informationssammlungsprozesses vor der Seligsprechung in die Kapelle verlegt.

Schon bald nach dem Tod der Apostelin der Göttlichen Barmherzigkeit begannen Wunder zu geschehen, die bis heute andauern. Eines der ersten war wohl die Bekehrung des ungläubigen Herrn Janek, der schon seit Jahren auf einem Gutshof in Łagiewniki arbeitete. Als er Schwester Faustyna in ihrem Sarg sah, seufzte er und sagte: „Dieser Mensch hat mich wirklich sehr beeindruckt," und meinte damit auch die Veränderung in ihm selbst. Die Schwestern in Łagiewniki erhielten die Habseligkeiten Faustynas, zum Beispiel ihr Ordenskleid oder ihren Ring. Das ist im Kloster zwar üblich, aber dennoch ist es seltsam, dass niemand daran dachte, diese Sachen als Reliquien der großen Mystikerin aufzuheben, zumal die Schwestern selbst um Fürsprache bei Faustyna beteten. Die Verehrung Faustynas wurde in den nächsten Jahren immer intensiver und die Anzahl der Menschen wuchs, die ihr Grab besuchen wollten. Schon am Anfang des 2. Weltkriegs wurde die Klosterkapelle für die Gläubigen geöffnet und auch Erzbischof Adam Sapieha besuchte diesen Ort mehrmals.

Ein Jahr nach Faustyna verstarb auch der Schöpfer des ersten Gemäldes, Eugeniusz Kazimirowski. Das Bild, auf dessen Rahmen sich der Schriftzug „Jesus, ich vertraue auf Dich" (er war damals noch nicht Teil des Bilds selbst) befand, wurde dank der Bemühungen von Michał Sopoćko neben dem Hauptaltar in der Kirche St. Michael in Vilnius aufgehängt. Nachdem Erzbischof Romuald Jałbrzykowski 1941 eine spezielle Kommission von Sachverständigen einberufen hatte, um zu prüfen, ob das Bild religiösen und künstlerischen Wert besitzt, gab er seine Erlaubnis dazu. 1951 wird der Erzbischof allerdings eine Andacht zur Göttlichen Barmherzigkeit verbieten.

Elf Jahre lang wurde das Gemälde in der Kirche St. Michael verehrt, allerdings wäre der Kult wohl schneller angewachsen, wenn das Bild in der Ostra Brama geblieben wäre. Sopoćko fand keine Unterstützer, weder in Person des Erzbischofs von Vilnius, noch bei den restlichen polnischen Bischöfen. Primas August Kardinal Hlond teilte ihm mit, dass es in der Kirche nicht den Brauch gäbe, zu jeder Eigenschaft Gottes einen Festtag auszuschreiben. Verzweifelt machte sich Sopoćko auf den Weg nach Rom, allerdings wurde ihm nie eine Audienz bei Papst Pius XII. gewährt, der seit dem 2. März Stellvertreter Christi auf Erden war. Er wurde nicht einmal zum Staatssekretariat oder zur Ritenkongregation vorgeladen, um wenigstens dort sein dringliches und ihm den Schlaf raubendes Anliegen vorbringen zu können.

In diesem kleinen Raum im Kloster Łagiewniki starb die zukünftige Heilige. Die Schwestern der Kongregation der Muttergottes der Barmherzigkeit gestalteten ihn zu einem Ort des Gebets um. Von außen weist eine Gedenktafel darauf hin.

Um den Anweisungen Christi endgültig Folge zu leisten, bedurfte es neben des gebildeten und äußerst engagierten Theologen Prof. Michał Sopoćko eines anderen, großen Theologen, der noch dazu die Macht eines Ortsbischofs und später sogar Papstes erhalten sollte. Er wird – unter Einhaltung aller kirchlichen Regeln und Gepflogenheiten – in der ganzen Kirche den Kult, die Andacht und das Fest der Göttlichen Barmherzigkeit einführen. Dieser jemand war zum Todeszeitpunkt von Schwester Faustyna allerdings gerade erst 19 Jahre alt.

9.

Als Faustyna im Sterben lag, hatte Karol Wojtyła sein Abitur gerade mit Auszeichnung bestanden. Gemeinsam mit seinem Vater war er nach Krakau umgezogen, wo sie in der Tyniecka-Straße 10 angesiedelt waren und in einer Halbkellerwohnung lebten. Das Haus gehörte Verwandten von Karols Mutter und die für sie bereitgestellten Zimmer waren ziemlich dunkel und hatten nur eine kleine Küche. Der zukünftige Papst hatte soeben sein Polonistikstudium an der Jagiellonen-Universität begonnen. Vater und Sohn gehörten nun zur Pfarre des hl. Stanislaus Kostka im Krakauer Stadtteil Dębniki, die erst kurz zuvor entstanden war. In der dortigen Kirche verbringt der junge Karol viel Zeit vor dem Bild Mariahilf, vor dem er – wie er später sagte – seine Berufung erbeten hat. Aber

DIE APOSTEL DER GÖTTLICHEN BARMHERZIGKEIT

auch die Wawel-Kathedrale, deren Türme er auf der anderen Seite der Weichsel sehen konnte, war ihm wichtig und zwar unter anderem deswegen, da dort viele polnische Könige und Nationalhelden beigesetzt sind. An den ersten Monatsfreitagen ging er dorthin zur Beichte bei Kazimierz Figlewicz, der in Wadowice noch sein Religionslehrer gewesen ist. Prof. Maria Bobrownicka, eine Freundin von der Universität und spätere ausgezeichnete Slawistin, traf Karol am 6. April 1939 in der Kathedrale: „Er wohnte den Gründonnerstagsfeierlichkeiten bei, als Erzbischof Sapieha die Fußwaschung vornahm. Danach stand er lange nachdenklich vor dem Grabmal von König Ladislaus Jagiełło. Er betete auch lange Zeit vor dem Allerheiligsten Sakrament in der Batory-Kapelle."

Wenig deutete damals darauf hin, dass Karol Wojtyła sich für den Weg eines Geistlichen entscheiden sollte, obwohl er ja schon seit jungen Jahren große Gottesfurcht zeigte, jede hl. Messe intensiv erlebte und Vorsitzender der Marianischen Kongregation in seiner Schule war. Andererseits war auch die Literatur seine große Liebe, er schrieb selbst Gedichte und trat in Schulaufführungen auf. Deswegen träumte er von seinem Polonistikstudium und einer Karriere als Schauspieler. Besonders schätzte er die polnischen Klassiker wie Adam Mickiewicz, Juliusz Słowacki oder Stanisław Wyspiański.

Im Frühjahr 1939 schreibt der junge Student Karol Wojtyła einen Gedichtband, dem er zuerst den Titel „David" und später „Renaissance-Psalter" gab. 1940 stellte er ihn fertig, aber erst 60 Jahre später entschied er sich bereits als Johannes Paul II. dazu, seine Lyrik zu publizieren. Er wählte den Titel „Renaissance-Psalter" und bestimmte, dass sein Gedichtband im Verlag Biały Kruk erscheinen soll. Seine Bedingung war, dass die Gedichte von Bildern des Ausnahmefotografen Adam Bujak begleitet werden, dessen Eltern Nachbarn der Wojtyłas, von Vater und Sohn, im Krakauer Stadtteil Dębniki waren.

Am 1. September 1939 überfällt Deutschland Polen und beginnt damit den 2. Weltkrieg. Es war dies der erste Freitag des Monats. „Die Kathedrale war leer. Dies war wohl das letzte Mal, dass ich sie in Ruhe betreten konnte. Später wurde sie geschlossen und die königliche Wawel-Burg Sitz des Generalgouverneurs Hans Frank," schreibt Johannes Paul II. viele Jahre später. Und auch Kazimierz Figlewicz erinnert sich an den Karol Wojtyła jenes Tages: „Die deutschen Bombardements des Morgens verursachten ein großes Durcheinander, sodass niemand mehr da war, der bei der hl. Messe assistieren konnte. Da tauchte Karol auf, der gekommen war, um zur Beichte und hl. Kommunion zu gehen, da dieser Tag der erste Freitag des Monats war und der junge, streng gläubige Polonistikstudent diesen immer gebührend beging. Diese erste hl. Messe des Kriegs blieb mir in Erinnerung – vor dem Altar mit dem Gekreuzigten Jesus, inmitten des Sirenengeheuls und des Explosionenlärms."

Nach dem Überfall Deutschlands auf Polen begannen die Nazis ihre blutige Besatzung und die systematische Vernichtung der polnischen Nation. Schulen und Universitäten wurden geschlossen und in erster Linie ermordeten die Deutschen die polnische Intelligenz. Selbstverständlich wurde auch die Jagiellonen-Universität geschlossen. Deren Professoren wurden am 6. November 1939 ins KZ Sachsenhausen verfrachtet.

Auf Seite 49:
Oben:
Diese Lithographie von Jędrzej Brydak aus dem Jahr 1861 (nach einer Abbildung von Henryk Walter) zeigt das Dorf Zwierzyniec (heute ein Stadtteil Krakaus) von Dębniki aus gesehen.

Unten:
Krakau gegen Ende der 30er Jahre des 20. Jh. Eine Kahnüberfahrt von Salwator nach Dębniki.

...und Karol, der zum hl. Johannes Paul II. wurde

Im Februar 1940 lernte Karol Wojtyła Jan Tyranowski kennen, der in der Pfarre Dębniki eine Gruppe des Lebendigen Rosenkranzes zusammengestellt hat. Tyranowski weckte in Karol das Interesse für Mystik sowie die Werke des hl. Johannes vom Kreuz und der hl. Teresa. Das kontemplative Innenleben des zukünftigen Intellektuellen, Papsts und Heiligen wurde dadurch enorm bereichert. Um die Aussiedlung zur Zwangsarbeit ins Reich zu vermeiden, begann Karol Wojtyła die schwere und gefährliche Arbeit im Steinbruch Zakrzówek, der zur Sodafabrik Solvay gehörte. Dieser sensible Denker, Poet und Schauspieler des Rhapsodischen Untergrundtheaters musste Karren mit Steinbrocken schieben und bei deren Sprengungen helfen.

Am 18. Februar 1941 starb der Vater von Karol Wojtyła in Krakau, womit der 21-jährige Mann nun völlig alleine und ohne nahestehende Person war. Vielleicht war dies die Art und Weise, mit der Gott den zukünftigen Apostel der Göttlichen Barmherzigkeit testete und auf seine Mission vorbereitete, die er von Schwester Faustyna übernehmen sollte. Vielleicht nahm ihm Gott deshalb alle Lieben, damit Karol alle Menschen lieb gewinnen konnte... Die Einsamkeit, die schwere Arbeit, die Unterernährung und der grausame Alltag unter der deutschen Besatzung setzten Karol schwer zu, aber sie konnten ihn nicht niederringen, er verfiel nicht in eine Depression und hatte auch keine Selbstmordgedanken. Gefühl und Verstand befanden sich bei ihm in einer vollkommenen Balance, was ihn im Verlauf der Jahre auch immer näher zum Priestertum und auch der Erfahrung der Göttlichen Barmherzigkeit brachte. Nur jemand mit solch einer Lebenserfahrung konnte sich vollends der Botschaft von Schwester Faustyna öffnen und zu ihrem Fürsprecher werden.

Im Sommer 1941 wurde Karol Wojtyła vom Steinbruch in die Solvay-Fabrik in Borek Fałęcki (heute ein Stadtteil Krakaus) versetzt. Auf dem Weg zur Arbeit ging er täglich an der Kirche der Kongregation der Muttergottes der Göttlichen Barmherzigkeit in Łagiewniki vorbei, oft besuchte er das Gotteshaus auch, um, in Arbeitskleidung und mit Holzschuhen an den nackten Füßen, zu beten oder an der hl. Messe teilzunehmen. 60 Jahre später wird er während seiner letzten Pilgerfahrt in die Heimat folgendes sagen: „Noch heute erinnere ich mich an den Weg von Borek Fałęcki nach Dębniki, den ich jeden Tag mit Holzschuhen an den Füßen zurücklegen musste, wenn ich zur Schichtarbeit ging. Wer hätte geglaubt, dass dieser Mann mit den Holzpantoffeln eines Tages die Basilika der Göttlichen Barmherzigkeit in Łagiewniki bei Krakau weihen wird?"

Während der langen, dunklen Nacht der deutschen Besatzung betete er, wie viele andere Krakauer auch, vor dem Grab der damals noch ziemlich unbekannten Apostelin der Göttlichen Barmherzigkeit. Als Johannes Paul II. wird er gegen Ende seines Lebens im Buch „Auf, lasst uns gehen!" davon berichten: „Viele Male besuchte ich diese Kirche bzw. Kapelle. (...) Damals wusste ich noch sehr wenig von Schwester Faustyna, ein bisschen mehr über die Göttliche Barmherzigkeit und dabei war das doch gerade jene Zeit, in der das doppelte Charisma von Faustyna und der Barmherzigkeit besonders in den besetzten Ländern zum Tragen kam. Wir, die die Okkupation vor Ort, in Krakau, in Polen, erlebt haben, erfuhren die Göttliche Barmherzigkeit auf besondere Art und

Auf Seite 50:
Der junge Gymnasiast Karol Wojtyła in Wadowicer Schuluniform mit seinem Vater. Das Foto stammt aus dem Jahr 1936, als die beiden noch in Ruhe in Wadowice lebten.

Weise. (...). Oftmals besuchte ich das Grab von Schwester Faustyna. (...) Das alles war ungemein seltsam und nicht vorauszusehen, wenn man berücksichtigte, dass sie doch nur ein einfaches Mädchen war. Konnte ich damals ahnen, dass ich es sein werde, der sie erst selig- und dann heiligspricht? (...) Sie war es, die einige Jahre vor dem Krieg die große Vision des Barmherzigen Jesu hatte, der sie dazu aufrief, die Apostelin der Göttlichen Barmherzigkeit zu werden, deren Verehrung sich dann auf die ganze Kirche ausweiten sollte. (...) Von hier aus, von Krakau, trat der Kult der Göttlichen Barmherzigkeit in die große Reihe der Ereignisse von weltumspannender Bedeutung."

Im Buch „Erinnerung und Identität" wird Johannes Paul II. nochmals genauer: „Die Visionen von Schwester Faustyna, die sich auf dem Geheimnis der Göttlichen Barmherzigkeit konzentrieren, beziehen sich auf die Zeit vor dem 2. Weltkrieg. Eben in jener Zeit entwickelten sich die beiden Ideologien des Bösen, also der Nationalsozialismus und der Kommunismus. Schwester Faustyna wurde zur Fürsprecherin der Botschaft, dass es nur eine Wahrheit gibt, die sich dem Bösen dieser Ideologien widersetzen kann, nämlich jene, dass Gott die Barmherzigkeit ist – die Wahrheit vom Barmherzigen Jesus. Deswegen fühlte ich mich als Nachfolger Petri besonders in der Pflicht, diese heimischen Erfahrungen weiterzugeben, die heute zum Schatz der universalen Kirche gehören."

Zurück zu den Zeiten des 2. Weltkriegs. In der Solvay-Fabrik musste Karol Wojtyła Dreischichtdienst leisten, aß und schlief viel zu wenig. Dennoch fand er immer Zeit zum Gebet oder zum Lesen seines kleinen blauen, befleckten Büchleins „Abhandlung über die vollkommene Andacht zu Maria" von Louis-Marie Grignion de Montfort. Einige seiner Kollegen verspotteten ihn ob dieser Religiosität – so wie einst auch Schwester Faustyna – aber das störte Karol nicht weiter. So wie die Apostelin der Göttlichen Barmherzigkeit konnte auch er sich derart im Gebet vertiefen, dass er die Welt um sich herum nicht mehr bemerkte. Aus zahlreichen Überlieferungen geht hervor, dass er niemals wütend geworden ist oder jemanden beleidigt hat. Er war ruhig, ernst und konnte sehr überzeugend über jedes Thema sprechen. Beim Glockenaufruf zum Angelus-Gebet passierte es, dass er mitten in der Fabrikhalle auf die Knie sank, um zu beten. 70 Jahre später sollte genau auf diesem Gelände ein Heiligtum zu seinen Ehren und in unmittelbarer Nachbarschaft zum Heiligtum Łagiewniki entstehen.

Im Oktober 1942 arbeitete Karol Wojtyła immer noch in der Fabrik, begann aber gleichzeitig ein Studium der Philosophie und Theologie im Untergrundseminar der Erzdiözese Krakau, das von Erzbischof Adam Sapieha ins Leben gerufen worden war. Dieses Studium war Teil der Untergrundbewegung und somit mit akuter Lebensgefahr verbunden. Als Strafe für solch ein „Vergehen" standen Todesstrafe oder Vernichtungslager.

Als Karol Wojtyła am 29. Februar 1944 nach einer Doppelschicht erschöpft nach Hause zurückkehrte, wurde er von einem deutschen Armeelastwagen gerammt und schwer verletzt. Die Täter hielten natürlich nicht an, um dem Verletzten zu helfen, sondern fuhren weiter. Karol verbrachte zwei Wochen im Krankenhaus. Am 6. August 1944 entging er wieder knapp dem Tod, als die

…und Karol, der zum hl. Johannes Paul II. wurde

Zum 75. Jahrestag der Weihe der Kirche St. Stanislaus in Dębniki, in der Karol Wojtyła nach eigenen Angaben seine Berufung zum Priestertum erfleht hat, weihte Kard. Stanisław Dziwisz das restaurierte Abbild des Barmherzigen Jesu von Adolf Hyła.

DIE APOSTEL DER GÖTTLICHEN BARMHERZIGKEIT

Gestapo das Haus in der Tyniecka-Straße 10 stürmte. Allein der göttlichen Vorsehung ist es zu verdanken, dass sie nicht in die Halbkellerwohnung Karols schauten.

10.

Während des 2. Weltkriegs entstanden weitere Abbilder des Barmherzigen Jesu, denen das erste Bild von Kazimirowski als Inspiration diente. Eines davon entstammte dem Pinsel des Malers Adolf Hyła, den Faustynas Krakauer Beichtvater Pater Józef Andrasz beriet. Am 7. März weihte er das Bild. Besonders an dem Bild war, dass es von einem Maler gefertigt wurde, der selbst ein Verehrer der Göttlichen Barmherzigkeit war und unweit vom Kloster Łagiewniki lebte, weswegen er dort oft die hl. Messe besuchte. Hyła verstand das Bild außerdem auch als Votivgabe für Rettung seiner Familie während des 2. Weltkriegs. Allerdings war das Bild zu groß für den Altar in der Kapelle der Schwestern in Łagiewniki und wurde nur jeden dritten Sonntag im Monat ausgestellt, wenn die Andacht zur Göttlichen Barmherzigkeit gefeiert wurde. Hyła malte deswegen ein weiteres, kleineres Gemälde, das am ersten Sonntag nach Ostern im Jahr 1944 von Pater Andrasz geweiht wurde. Schon bald wurde es als Gnadenbild verehrt. In der ersten Version des Bildes stand Jesus vor dem Hintergrund einer blumigen Wiese von Łagiewniki, allerdings änderte Hyła dies nach einem brieflichen Austausch mit Michał Sopoćko zum heute bekannten Dunkelgrün.

Dieses Bild sollte Weltruhm erlangen und in die Häuser aller Kontinente gebracht werden, nicht jenes von Kazimirowski, dem Künstler aus Vilnius. Anscheinend musste es so kommen, zumal Vilnius nach dem 2. Weltkrieg nicht mehr zu Polen gehörte, sondern der Sowjetunion einverleibt wurde. Die erste Version des Bildes gefiel Faustyna ohnehin nicht sonderlich. Für die nächsten Jahre verliert sich auch noch jegliche Spur davon.

Der Student Karol Wojtyła war unter deutscher Besatzung gezwungen schwere Arbeiten in der Solvay-Fabrik zu verrichten (1942).

Seit dem Jahr 1943 hat Hyła ungefähr 200 Abbilder des Barmherzigen Jesu gemalt, die in den Kirchen Krakaus und Kleinpolens aufgehängt wurden. Jahre später erklärte Elżbieta Szczepaniec-Cięciak, die Nichte Hyłas, wonach sich ihr Onkel gerichtet hatte: „Seine Vision der Göttlichen Barmherzigkeit wurde von Pater Andrasz geteilt. Sie zeigte Herrn Jesus als himmlischen Arzt, der die leidende Menschheit heilt und ihr Barmherzigkeit gibt. Deswegen malte er den Barmherzigen Jesus auch stets auf anderen Hintergründen, die jene Landschaft wiederspiegeln sollten, in der die Kirche stand, in die das Bild geschickt wurde. Das Gemälde für Łagiewniki bildete deswegen zuerst die Wiesen, Hügel und Wälder der Umgebung ab. Aufgrund des großen Drucks änderte mein Onkel dies und malte einen Fußboden, der auf den Abendmahlsaal anspielt. Das geschah aber erst in den 50er Jahren des 20. Jh. Die ganze Familie meines Onkels war ergriffen von der Botschaft der Göttlichen Barmherzigkeit. Als mein Onkel 1965 starb, galt ein offizielles Verbot der Verehrung der Göttlichen Barmherzigkeit oder Schwester Faustynas. Nichtsdestotrotz übergab die Familie die Rechte am Bild der Kongregation der Muttergottes der Göttlichen Barmherzigkeit. Die Einnahmen aus dem Bilderverkauf wurden zur Gänze für die beim Seligsprechungsprozess Faustynas anfallenden Kosten verwendet. Und obwohl mein Onkel die Zeiten nicht mehr erlebte, da die Verehrung der Apostelin der Göttlichen Barmherzigkeit erlaubt worden ist, so hat die Zeit doch gezeigt, dass auch dieser bescheidene Maler ein Apostel der Göttlichen Barmherzigkeit war" (Wochenzeitschrift „Niedziela" 3/2014).

11.

Anfang August 1944 beendete Karol Wojtyła seine Arbeit in der Solvay-Fabrik und tauchte in den Untergrund ab, um sein Studium beenden zu können. Außer einigen Eingeweihten wusste niemand davon. Bereits als Kardinal erinnerte er sich an diese Zeit: „Das Verlassen der Arbeit hatte zur Folge, dass mich die Besatzungsmacht zu suchen begann. Gott sei Dank gelang es ihnen aber nicht auf meine Spur zu kommen." Am 1. November 1946 wurde er von Kard. Adam Sapieha zum Priester geweiht, einen Tag später feierte er in Anwesenheit von ein paar Verwandten seine Primiz in der mittelalterlichen St. Leonhard-Kapelle in der Wawel-Kathedrale. Am 15. November brach er für ein zweijähriges, weiterführendes Studium der Theologie nach Rom auf. 1948 promovierte er mit einer Arbeit über den Glauben in den Werken des hl. Johannes vom Kreuz. In den Jahren 1944-1950 arbeitete Karol Wojtyła an dem Drama „Der Bruder unseres Gottes", das sich mit der Lebensgeschichte des Malers und Januaraufständischen Adam Chmielowski beschäftigt, der später als Bruder Albert Mönch wurde und heute als Heiliger verehrt wird. Bruder Albert vertiefte in seinen Arbeiten die Problematik der christlichen Barmherzigkeit.

Während des Aufenthalts Wojtyłas in Rom gelang es Michał Spokoćko endlich die Bischofskonferenz davon zu überzeugen, das Fest der Göttlichen Barmherzigkeit am ersten Sonntag nach Ostern einzuführen. Primas August Kard. Hlond wandte sich mit einer entsprechenden Bitte an die Römische Kurie, erhielt aber niemals eine Antwort. 1948 fragte Róża Kłobukowska, die Mutter Oberin der Kongregation der Muttergottes der Barmherzigkeit, bei Kard. Adam Sapieha an, um den Seligsprechungsprozess von Schwester Faustyna zu beginnen. Die Angelegenheit übernahm aber nicht die Krakauer Kurie – Kard. Sapieha starb 1951 – sondern der Orden der Pallottiner, aber damals schaffte man es nicht die Sache zu einem glücklichen Ende zu bringen.

DIE APOSTEL DER GÖTTLICHEN BARMHERZIGKEIT

Es war dies dennoch keine verlorene Zeit, denn jene Schwestern, die Faustyna noch persönlich gekannt hatten, begannen ihre Memoiren niederzuschreiben, ebenso wie Michał Sopoćko. Auf Anweisung von Pater Andrasz fuhr Schwester Bernarda Wilczek zu den Familienangehörigen Faustynas, um deren Zeugnis festzuhalten. Ihr gelang es auch, die früheren Arbeitgeber von Faustyna zu befragen.

In derselben Zeit schlossen die kommunistischen Machthaber in Vilnius die Kirche St. Michael. Das Gemälde des Barmherzigen Jesu, das aus dem Rahmen mit der Aufschrift „Jesus, ich vertraue auf Dich" herausgenommen wurde, wurde von einer Polin und einer Litauerin heimlich und unter Lebensgefahr von der für die Liquidierung des Gotteshauses verantwortlichen Person freigekauft. Einige Zeit lang wurde es zusammengerollt auf einem Dachboden versteckt, später brachte man es in die Heiliggeistkirche. Der dortige Pfarrer zeigte aber kein sonderliches Interesse an dem Bild und verstaute es in einer Kammer, weil es für ihn nur eines von vielen religiösen Gemälden war. Erst 1956 fand es der Priester Józef Grasewicz, ein Freund Sopoćkos, der nach einigen Jahren Haftstrafe in einem sowjetischen Lager nach Vilnius zurückgekommen war. Vor seiner Weiterfahrt in die Pfarre Nowa Ruda (heutiges Weißrussland), bat er den Pfarrer der Heiliggeistkirche um das Gemälde. Der willigte ein und so kam das Bild nach Nowa Ruda. Außer Grasewicz kannte allerdings niemand die Herkunft oder die Geschichte dieses Bildes, geschweige denn die Botschaft der Göttlichen Barmherzigkeit. Das Bild blieb die nächsten 30 Jahre dort und wurde so verschont.

Nach seiner Rückkehr aus Rom wurde Dr. Karol Wojtyła Vikar in der Pfarre Niegowić bei Krakau und machte sich mit viel Elan an die Arbeit. Nicht ganz ein Jahr später wurde er in die Krakauer Pfarre St. Florian versetzt, wo er Studentenseelsorger wurde und schnell den Respekt, die Sympathie und das Vertrauen dieser jungen Menschen gewann. Nebenher schuf er auch weitere literarische Werke. In dieser Zeit vertiefte sich auch seine Verbindung zum Kloster in Łagiewniki. 1953 begann er Vorlesungen im Bereich der Gesellschaftsethik an der Jagiellonen-Universität zu halten und schaffte bereits im Alter von nur 33 Jahren seine Habilitation aufgrund der Arbeit „Beurteilung der Rekonstruktionsmöglichkeiten einer christlichen Ethik auf der Basis der Voraussetzungen des ethischen Systems von Max Scheler". Das kommunistische Ministerium für Bildung verwehrte im allerdings zuerst den akademischen Titel und sprach ihn ihm erst vier Jahre später zu. Zu dieser Zeit war das eine übliche Schikane gegenüber Geistlichen.

Am 4. Juli 1958 nominierte Papst Pius XII den 38-jährigen Karol Wojtyła zum Weihbischof von Krakau. Die Weihe fand am 28. September 1958 in der Wawel-Kathedrale statt. Ein halbes Jahr später erfuhr der zukünftige Papst von einer Notifikation des Heiligen Stuhls, die sich ablehnend gegenüber Schwester Faustyna und dem Kult der Göttlichen Barmherzigkeit äußerte. Am 16. Juli 1962 wurde Karol Wojtyła nach dem Tod des Krakauer Erzbischofs Eugeniusz Baziak zum Krakauer Kapitularvikar ernannt, womit er die Pflichten eines Diözesanadministrators auferlegt bekam. Am vorletzten Dezembertag des Jahres

Auf Seite 57: Der junge Priester Karol Wojtyła zur Zeit seiner Primiz.

…und Karol, der zum hl. Johannes Paul II. wurde

DIE APOSTEL DER GÖTTLICHEN BARMHERZIGKEIT

1963 nominierte Papst Paul VI. ihn zum Erzbischof. Die Amtseinführung in der Wawel-Kathedrale fand am 8. März 1964 statt.

12.

Nach der Notifikation der Kongregation des Heiligen Offiziums aus dem Jahr 1959, die am 7. März im Dokument *Acta Apostolicae Sedis* veröffentlicht worden war und den Kult der Göttlichen Barmherzigkeit in der von Schwester Faustyna vorgetragenen Art und Weise verboten hatte, begann man in vielen Kirchen das Gemälde des Barmherzigen Jesu wieder abzunehmen und betete den Rosenkranz zur Barmherzigkeit Gottes nicht mehr. Wie sich später herausstellte, war eine extrem fehlerhafte Übersetzung des Tagebuchs der Grund für die ablehnende Haltung Roms. So wurden unter anderem die Worte Faustynas mit jenen Christi vertauscht, was den Eindruck von Häresie erweckte und der Mystikerin ihre Glaubwürdigkeit raubte. Jerzy Mrówczyński, der als stellvertretender Promotor Fidei im Prozess von Faustyna fungierte, gab an, dass die „Anzahl der Fehler mehr als ein Dutzend dicht beschriebener Seiten ausmachte". Man weiß auch bis heute nicht, woher diese Version des Tagebuchs überhaupt stammte, da weder Primas Stefan Wyszyński, noch die Krakauer Bischöfe Rom angesucht hatten, das Tagebuch zu untersuchen. In dieser Zeit war jedoch eben das Tagebuch für viele Theologen der Beweis dafür, dass Faustyna unter Halluzinationen gelitten haben musste. Die Einstellung Roms war eindeutig negativ.

Dank der Entscheidung des damaligen Krakauer Erzbischofs Eugeniusz Baziak blieb das Bild allerdings im Altar der Kapelle im Kloster Łagiewniki. Dort hat man auch niemals damit aufgehört, an jedem dritten Sonntag im Monat und am Sonntag nach Ostern die Andacht zur Barmherzigkeit Gottes zu halten. Von der Ehre der Altäre schien Faustyna allerdings weit entfernt. Ihre Heiligsprechung hätte allerdings garantiert, dass ihre Visionen als wahr eingestuft worden wären, was wiederum zur Folge gehabt hätte, dass man den Forderungen Jesu nach der Verehrung des Bildes, dem Beten des Rosenkranzes zur Barmherzigkeit Gottes und dem Fest der Barmherzigkeit nachgekommen wäre.

Noch als einfacher Priester zelebrierte Karol Wojtyła Andachten zur Barmherzigkeit Gottes in der Kapelle von Łagiewniki. Als Bischof und Erzbischof hielt er an diesem Brauch fest.

Wusste er damals schon, vor 50, 60 Jahren, dass er es sein sollte, der der Vorsehung dabei helfen wird, den Nachlass von Schwester Faustyna würdig in die Welt hinauszutragen? Vielleicht. Fest steht, dass er als Krakauer Metropolit dafür sorgte, dass Faustynas Seligsprechungsprozess auf Diözesanebene ins Rollen kam. Seine Reisen zum 2. Vatikanischen Konzil nutzte er auch dazu, um die negative Notifikation und das Dekret rückgängig zu machen. Während seines Aufenthalts in Rom im Herbst 1963 fragte er, auf Anraten seines Freundes Andrzej Maria Deskur, den Sekretär der Kongregation des Heiligen Offizium (heute die Kongregation der Glaubenslehre) Kard. Alfredo Ottaviani, ob es eine Chance gebe, das Seligsprechungsverfahren von Faustyna auf universalkirchlicher Ebene zu beginnen. Ottaviani antwortete, dass dies schnellstmöglich geschehen solle, so lange die Zeitzeugen noch am Leben sind. Der zukünftige

Auf Seite 58: Die Amtseinführung des Krakauer Metropoliten Erzbischof Karol Wojtyła am 8. März 1964 in der Wawel-Kathedrale. Als ersten von links sieht man Franciszek Macharski, der nach der Papstwahl Wojtyłas selbst Krakauer Metropolit wurde.

DIE APOSTEL DER GÖTTLICHEN BARMHERZIGKEIT

Papst gab also bereits als Erzbischof den Dingen seinen Lauf. Schwester Beata Piekut von der Kongregation der Muttergottes der Barmherzigkeit, in Zukunft Vizepostulatorin im Heiligsprechungsprozess, musste sich aber auch einige bittere Worte anhören: „Hättet ihr gleich mit dem Prozess begonnen, wäre Faustyna heute bereits eine Heilige. Jeder würde wissen, woher das Bild und der Kult des Barmherzigen Jesu in seiner neuen Form stammen, aber ihr habt von hinten begonnen." Als Michał Sopoćko am 21. August 1965 zu einer Audienz bei Erzbischof Karol Wojtyła vorgeladen wurde, sagte ihm der Krakauer Metropolit, dass der Seligsprechungsprozess für ihn die wichtigste Sache sei und vielleicht noch in diesem Jahr anfangen werde.

Alles begann dann mit dem Zeugnis einer tödlich kranken Frau, die dank vieler Gebete um die Fürsprache Schwester Faustynas, die Gnade der Heilung erhielt. Sie erzählte den Schwestern in Łagiewniki und Erzbischof Wojtyła davon. Zwei Monate später begann in der Krakauer Erzbischöflichen Kurie der formale Prozess zur Informationssammlung, der von Weihbischof Julian Groblicki eröffnet wurde, da Erzbischof Wojtyła zu dieser Zeit gerade beim 2. Vatikanischen Konzil in Rom weilte. Die Eröffnung des Prozesses fiel mit dem 60. Geburtstag von Faustyna zusammen. Diesmal ging man allerdings vorsichtiger an die Sache heran, da man durch erneute Fehler, das Anliegen nicht ein für alle Mal begraben wollte. Darum sagte Erzbischof Wojtyła eines Tages den Schwestern, dass man sich in der Sache so bewegt, als ob man über Glas wandeln würde. Im Laufe des Krakauer Prozesses zur Informationssammlung fanden 75 Sitzungen statt und 45 Zeugen wurden gehört. Am 31. Januar 1968 eröffnete die Kongregation für Selig- und Heiligsprechungsprozesse offiziell den Seligsprechungsprozess von Faustyna Kowalska. Postulator wurde Antoni Mruk SJ, Professor am römischen Gregorianum, zum Vizepostulator bestimmte man Pater Izydor Borkiewicz OFMConv.

Erzbischof Karol Wojtyła erlaubte den Schwestern, Faustynas Leichnam vom Friedhof in die Kapelle zu verlegen, wo sie am 25. November 1966 unter dem Gotteshausboden ihre letzte Ruhestätte fand. Wojtyła bemühte sich auch darum, die Notifikation rückgängig zu machen, die es verbot, den Kult der Göttlichen Barmherzigkeit in der von Faustyna überlieferten Form zu verbreiten. Die gelang erst am 15. April 1978 endgültig. „Als ich zum Erzbischof ernannt worden war, ordnete ich Prof. Ignacy Różycki an, er solle Faustynas Schriften untersuchen. Zuerst wollte er nicht. Dann studierte er die Dokumente sehr genau. Und letztendlich sagte er: ‚Das ist eine herausragende Mystikern!'" – schrieb Johannes Paul II. in seinem Buch „Auf, lasst uns gehen!". Prof. Różycki ist es zu verdanken, dass eine solide und gründliche, theologische Analyse der Schriften Faustynas vorliegt. Darin ist genau erklärt, was die Grundlage des Kults der Göttlichen Barmherzigkeit ist, was den Weg zur Selig- und Heiligsprechung erst ebnete. Dieses Werk wurde 1979 vollendet, als Karol Wojtyła bereits Nachfolger Petri war. Wie unterschiedlich die beiden Geistlichen und Professoren anfangs den Fall Faustynas betrachteten, lässt sich am besten anhand einer Anekdote veranschaulichen. Als Różycki sich endlich einverstanden erklärte das Tagebuch zu lesen, wollte er, dass es ihm Schwester Beata Piekut

Auf Seite 61:
Das Abbild des Barmherzigen Jesu in der Klosterkapelle in Łagiewniki wurde zur Inspiration für zahlreiche Kopien auf der ganzen Welt. Seine Verehrung ist ungebrochen und wächst immer weiter. Unter dem Bild befindet sich der Sarkophag mit den Reliquien der hl. Faustyna.

…und Karol, der zum hl. Johannes Paul II. wurde

61

DIE APOSTEL DER GÖTTLICHEN BARMHERZIGKEIT

aus Łagiewniki bringe. Der Krakauer Erzbischof erlaubte dies nicht: „Nein, Schwester. Sagen wir, Sie fahren mit der Straßenbahn und dem Tagebuch in der Hand zu Prof. Różycki. Die Bahn entgleist, Sie sterben. Das macht nichts, denn Sie kommen in den Himmel. Aber das Tagebuch geht verloren. Das ist das Schlimmste."

Der Krakauer Erzbischof war einer der aktivsten Synodalen während des 2. Vatikanischen Konzils. In den Jahren 1964-1965 sprach er während der Sitzungen unter anderem zu folgenden Themen: Religionsfreiheit, Laien in der Kirche, Dialog der Kirche mit der modernen Welt, Verantwortung und Religionsfreiheit, christliches Weltverständnis, moderner Atheismus. Seine Bedeutung und sein Prestige in der Römischen Kurie wuchsen. Im November 1965 half er maßgeblich mit, den berühmten „Hirtenbrief der polnischen Bischöfe an ihre deutschen Amtsbrüder" zu verfassen. Im Millenniumsjahr 1966 (Polen war im Jahr 966 als Staat entstanden und nahm dabei den christlichen Glauben an, was als „Taufe Polens" bezeichnet wird) nahm er gemeinsam mit Primas Stefan Wyszyński an Feierlichkeiten im ganzen Land teil und hielt dabei oft die Homilien.

Vielleicht musste man zu dieser Zeit in Krakau gewesen sein, in unmittelbarer Nähe zum Kloster Łagiewniki, um die Botschaft der Göttlichen Barmherzigkeit zu verstehen. Man darf auch nicht vergessen, dass damals in Polen die ganze Zeit der kommunistische Terror andauerte. Nach der deutschen Besatzung, die 1945 zu Ende ging, gelangte Polen unter die Fremdherrschaft der Sowjets. Der unbeugsame Primas des Jahrtausends, Kard. Stefan Wyszyński, wurde drei Jahre lang vom sowjetischen Regime in Haft gehalten und setzte alles daran, den Glauben in der polnischen Nation aufrecht zu erhalten und gegen die Versuche der Kommunisten zu kämpfen, die eine atheistische Gesellschaft schaffen wollten. Auch Erzbischof Karol Wojtyła wurde immerwährend von den kommunistischen Sicherheitsbehörden überwacht, denen es gelang, ihre Agenten im nächsten Umfeld Wojtyłas einzuschleusen. Das Erzbischöfliche Palais war verwanzt. Die kommunistischen Agenten versuchten immerfort einen Keil zwischen ihn und den Primas zu treiben, was ihnen allerdings nie gelungen ist.

Am 25. Februar 1966 zelebrierte Erzbischof Karol Wojtyła eine feierliche Messe für die Schwestern im Kloster von Łagiewniki. In seiner Predigt ging er auf die Ziele der Kongregation ein und sagte, dass diese ihm nahe stehen, seinen Wünschen sowie Gedanken entsprechen und in der jetzigen Zeit besonders wichtig seien. In seinem Buch „Erinnerung und Identität" schrieb er als Johannes Paul II.: „Ich denke, dass die Erfahrungen der polnischen Kirche aus der Zeit des Kommunismus universellen Charakter besitzen. Ich denke außerdem, dass auch Schwester Faustyna und ihr Zeugnis über das Geheimnis der Göttlichen Barmherzigkeit ihren Platz in dieser Perspektive besitzen. Das, was sie auf geistiger Ebene hinterließ, war enorm wichtig – ich spreche hier aus Erfahrung – und half den Widerstand gegen das Böse in dem damaligen unmenschlichen System am Leben zu erhalten. All das hat nicht nur eine konkrete Bedeutung für Polen, sondern in breiter Ausdehnung auch für die ganze

Auf Seite 62: Die zwei unbeugsamen Bischöfe aus der Zeit der kommunistischen Fremdherrschaft in Polen – Primas Stefan Kard. Wyszyński und Kard. Karol Wojtyła. Zu sehen sind die beiden während der Krönung des Gnadenbilds der Mutter Gottes von Tschenstochau in der Krakauer Marienbasilika am 15. Dezember 1968.

Universalkirche. Es ist so, als ob Christus durch Faustyna sagen möchte: ‚Das Böse wird in endgültiger Abrechnung niemals siegen!'. Das Ostergeheimnis bestätigt, dass letztendlich das Gute gewinnt; dass das Leben über den Tod siegt; dass die Liebe über den Hass triumphiert."

Am 20. September 1967 fand der feierliche Abschluss des Seligsprechungsprozesses Faustynas auf Diözesanebene statt. Aus diesem Anlass zelebrierte der Krakauer Metropolit zuerst die hl. Messe in der Kapelle des Erzbischöflichen Palasts und unterschrieb am Abend in der Klosterkapelle in Łagiewniki die nötigen Dokumente, die anschließend nach Rom geschickt wurden. An diesem Tag betete Erzbischof Wojtyła lange und alleine am Grab der Apostelin der Göttlichen Barmherzigkeit.

Karol Wojtyła nahm jedes Jahr im Januar an den Weihnachtstreffen im Jugendhort „Źródło" (Quelle) teil, der von den Schwestern in Łagiewniki geleitet wurde. Als das Kloster am 21. August 1968 sein 100-jähriges Bestehen feierte, las Erzbischof Wojtyła dort die hl. Messe und hielt eine Predigt. Bezug nehmend auf das Charisma der Kongregation der Muttergottes der Göttlichen Barmherzigkeit sagte er unter anderem folgendes: „Es gibt Situationen im Leben, wo man der Göttlichen Barmherzigkeit besonders bedarf. Manchmal befindet sich der Mensch am Boden und ist tief gefallen. (...) Manchmal ist das nicht einmal seine Schuld. Und dann verfällt man der Gewohnheit und es ist schwierig aus eigener Kraft aufzustehen. So ein Mensch braucht die gute, helfende Hand einer Mutter oder Schwester. Diese Hand wird dann zum Werkzeug der Göttlichen Barmherzigkeit und muss sehr gut sein. Das Wort und das Herz, die zum lebendigen Instrument der Göttlichen Barmherzigkeit werden, müssen sehr sanft und reif sein, um einen anderen Menschen auf die Beine zu helfen, ihn nicht zu erniedrigen, sondern ihm Gott als Vater, als Verkörperung der Barmherzigkeit zu zeigen."

Michał Sopoćko, der Wächter über den Nachlass der Theologie der Göttlichen Barmherzigkeit, der ihm von Schwester Faustyna übergeben wurde, sorgte sich bis an sein Lebensende um das Schicksal des Bilds des Barmherzigen Jesu, das von Eugeniusz Kazimirowski in Vilnius gemalt worden war. Mehrmals schickte er vertrauliche Bitten, um das Bild zurück nach Vilnius zu bringen und in der Ostra Brama auszustellen. Sie blieben unerfüllt, Michał Sopoćko starb am 15. Februar 1975.

13.

Im Jahr 1978 begab sich Kard. Karol Wojtyła zwei Mal zum Konklave. Erst nach dem Tod von Papst Paul VI. und dann einige Wochen später nach dem Tod von Johannes Paul I. Am 16. Oktober 1978 sah die Welt den neuen, lächelnden Papst „aus einem fernen Land", nämlich Johannes Paul II., der die Herzen der Welt im Flug eroberte. Seine ersten Worte waren „Gelobt sei Jesus Christus" und „Öffnet Christus die Türen!". Seine erste Enzyklika „Redemptor hominis", die am 4. März 1979 erschienen ist, widmete er dem Erlöser des Menschen und ebnete damit auch den Weg für den Kult der Göttlichen Barmherzigkeit, denn

Schwester Faustyna schrieb bereits in ihrem Tagebuch, dass „das Erlösungswerk mit dem Werk der Barmherzigkeit verbunden ist." Die zweite Enzyklika von Johannes Paul II. trägt den Titel „Dives in misericordia", wurde am 30. November 1980 veröffentlicht und behandelt Gott, der voller Barmherzigkeit ist, wobei sich der Papst auf die mystischen Erfahrungen Faustynas stützt. Darin begründet der Papst anhand der Bibel den tiefen, theologischen Sinn der unendlichen Göttlichen Barmherzigkeit. „Seit dem Beginn meines Petrusamtes in Rom war ich der Auffassung, dass das Verkünden der Botschaft über die Göttliche Barmherzigkeit meine besondere Aufgabe ist. Sie wurde mir von der göttlichen Vorsehung übertragen, eingedenk der heutigen Situation des Menschen, der Kirche und der Welt. Man kann sagen, dass genau diese Situation mir diese Botschaft als meine Aufgabe vor Gott aufgetragen hat," sagte der Papst am 22. November 1981. Diese Worte fielen ein halbes Jahr nach dem schrecklichen Attentat auf den Heiligen Vater vom 13. Mai, als ein bezahlter Mörder dem Papst auf dem Petersplatz nach dem Leben trachtete. Die ganze Welt hielt damals den Atem an, gleichzeitig begannen aber auch Menschen auf allen Kontinenten intensiv um die Gesundheit des polnischen Papsts zu beten. Nach zwei Krankenhausaufenthalten und einer mehrmonatigen Rehabilitationsphase erlangte der Heilige Vater seine Gesundheit wieder, setzte seine evangelische Mission fort und verkündete die Botschaft der Göttlichen Barmherzigkeit überall auf der Welt.

Am Anfang des Jahres 1981 kam eine schwer kranke Gläubige aus den USA ins Heiligtum Łagiewniki und sah ihre letzte Chance in der Göttlichen Barmherzigkeit. „Am 28. März 1981 ging ich in Krakau zur Beichte," schrieb Maureen Digan. „Das war wohl meine erste gute Beichte seit vielen, vielen Jahren. Ich fühlte mich Herrn Jesus und Schwester Faustyna näher, aber noch nicht nahe genug. An diesem Abend beteten wir am Grab Schwester Faustynas, vor allem um meine Genesung. Ich war immer noch nicht ganz überzeugt von alldem und sagte zu Schwester Faustyna: ‚Okay, Schwester Faustyna, jetzt hilf mir doch damit.' Plötzlich hörten meine Schmerzen auf, meine Schwellungen gingen zurück. Ich dachte eher, dass das etwas mit meinen Nerven zu tun hatte, denn ich glaubte nicht an Wunder. Ich stopfte meine Schuhe mit Servietten aus, damit niemand merken konnte, dass meine Schwellungen nicht mehr da waren. Gleichzeitig hörte ich auf, meine Medikamente einzunehmen. Seit diesem Zeitpunkt ist meine Krankheit ganz verschwunden. Ich habe vorher vier verschiedene Ärzte besucht und alle haben mir gesagt, dass die Krankheit unheilbar ist, niemals zurückgeht und keine Medikamente der Welt helfen können."

Im selben Jahr gab es zum ersten Mal eine positive Entscheidung im Fall des Tagebuchs und somit durfte es endlich gedruckt werden. Am 19. Juni 1981 erlaubte Kard. Pietro Palazzini als Präfekt der Selig- und Heiligsprechungskongregation die Fortführung des Seligsprechungsprozesses. Somit trat man in die nächste Phase, in der eine Synthese der bisher gesammelten Informationen erstellt und der heroische Tugendgrad Faustynas geprüft wurde. Die Arbeiten gingen nur sehr langsam voran, wofür der Relator des Prozesses, Pater Ambroży Eszer OP, verantwortlich war. 1984 wurde er durch Pater Michał Machejek

DIE APOSTEL DER GÖTTLICHEN BARMHERZIGKEIT

Am 18. April 1993 sprach Johannes Paul II. fünf Diener Gottes selig, darunter auch drei Polen: Schwester Faustyna Kowalska, Mutter Maria Angela Truszkowska und den Priester Stanisław Kazimierczyk.

OCD ersetzt. Am 7. März 1992 unterschrieb Papst Johannes Paul II. das Dekret über den heroischen Tugendgrad Schwester Faustynas und kurz vor Weihnachten, am 21. Dezember, jenes über das Wunder, das dank ihrer Fürsprache geschehen ist. Dabei handelte es sich um eben jene Maureen Digan und ihre seelische sowie physische Genesung. Digan litt unter unheilbaren Lymphödemen, aufgrund derer ihr im Vorfeld bereits ein Bein amputiert werden musste. Sie war der endgültige Beweis dafür, dass die Apostelin der Göttlichen Barmherzigkeit in den Kreis der Seligen aufsteigen sollte.

1985 führte der damalige Krakauer Metropolit Kard. Franciszek Macharski den Sonntag der Göttlichen Barmherzigkeit in den liturgischen Kalender der Erzdiözese Krakau ein. Seinem Beispiel folgten die Bischöfe von Białystok und Tschenstochau.

Bevor Johannes Paul II. Faustyna seligsprach, stellte er sie und ihr Leben während der Mittwochsaudienz am 10. April 1991 in Rom genauer vor: „Die Worte aus der Enzyklika über die Göttliche Barmherzigkeit („Dives in misericordia") stehen uns besonders nahe. Sie erinnern an die Dienerin Gottes Faustyna Kowalska. Diese einfache Nonne brachte Polen sowie der ganzen Welt die Osterbotschaft des Barmherzigen Jesu näher. Dies geschah vor dem 2. Weltkrieg und all seinem Grauen. In Anbetracht der industriellen Verachtung gegenüber dem Menschen war die Botschaft des geschundenen und auferstanden Jesu für viele Polen, aber auch für die Menschen außerhalb dieser Grenzen, ja sogar auf anderen Kontinenten, eine Quelle der Hoffnung und der Kraft zum

Helena, die zur hl. Schwester Faustyna wurde…

Überleben." In ähnlicher Weise sprach der Papst über die Apostelin der Göttlichen Barmherzigkeit am 7. Juni 1991 in Płock.

14.

Der Tag war gekommen: am 18. April 1993 wurde Schwester Faustyna von Johannes Paul II. seliggesprochen. In seiner Homilie sagte der Papst: „Schwester Faustyna, wie seltsam war dein Weg! Wie könnte man nicht denken, dass eben dich – eine einfache und arme Tochter des polnischen Masowien – Christus auserwählt hat, um den Menschen das große Geheimnis der Göttlichen Barmherzigkeit in Erinnerung zu rufen. Dieses Geheimnis hast du mit dir mitgenommen, als du diese Welt nach einem kurzen und leidvollen Leben verlassen hast. Gleichzeitig wurde dieses Geheimnis zu einem in der Tat prophetischen Aufruf gen Europa und der Welt. Deine Botschaft der Göttlichen Barmherzigkeit wurde doch am Vortag der furchtbaren Katastrophe des 2. Weltkriegs geboren. Du hättest dich sicher gewundert, wenn du hier auf Erden hättest sehen können, wie wichtig diese Botschaft für die geschundenen Menschen dieser Zeit der Verachtung geworden ist und wie weit in die Welt sie hinausgetragen wurde. Heute – und daran glauben wir fest – betrachtest du in Gott die Früchte deiner irdischen Mission. Heute erfährst du an der Quelle selbst, wer Christus ist: *dives in misericordia*."

Der polnische Papst, der in seiner Krakauer Zeit die Botschaft der Göttlichen Barmherzigkeit intensiv verinnerlichte, wusste genau, wovon er sprach.

Zu den Feierlichkeiten auf dem römischen Petersplatz kamen ungefähr 30 000 Pilger aus Polen, darunter auch die Schwestern der Kongregation der Muttergottes der Barmherzigkeit. Angeführt wurde diese Delegation vom Krakauer Metropoliten Kard. Franciszek Macharski.

DIE APOSTEL DER GÖTTLICHEN BARMHERZIGKEIT

Auf Seite 69: Der polnische Papst Johannes Paul II. führte die Mission Faustynas fort und verkündete die Botschaft der Göttlichen Barmherzigkeit auf der ganzen Welt.

Das Seligsprechungsportrait Schwester Faustynas hing auf der Fassade des Petersdoms und nimmt direkten Bezug auf ihre Mission.

…und Karol, der zum hl. Johannes Paul II. wurde

DIE APOSTEL DER GÖTTLICHEN BARMHERZIGKEIT

Trotz der verschiedenen Irrfahrten, Verbote und der lang andauernden fehlenden Anerkennung verebbte der Kult der Göttlichen Barmherzigkeit in Łagiewniki niemals. Selbst als die Kirche die Visionen Faustynas nicht anerkennen und sie als privates Phänomen abtun wollte, strahlte ihre Botschaft auf die ganze Welt und fand dort immer mehr Anhänger. „Die Mission von Faustyna dauert an und bringt erstaunliche Früchte," fuhr Johannes Paul II. fort. „Wie sonderlich ist doch die Art und Weise, in der die Andacht zum Barmherzigen Jesu ihren Weg in der Welt und in die Herzen der Menschen findet! Zweifellos ist das ein Zeichen der Zeit, unseres 20. Jh. Die Bilanz dieses endenden Jahrhunderts fällt zwiespältig aus, denn es brachte uns nicht nur alles bisher gewesene übertreffende Errungenschaften, sondern auch eine große Unruhe hinsichtlich der Zukunft. Wo kann die Welt also Erlösung und das Licht der Hoffnung finden, wenn nicht in der Göttlichen Barmherzigkeit? Die gläubigen Menschen fühlen das sehr genau (...) *Dives in misericordia*. Der Mensch jeder Epoche braucht das Treffen mit Dir, Christus, ein Treffen durch den Glauben, der im Feuer der Erfahrungen geprüft wird und eine Freude bringt, die im Ostergeheimnis begründet ist. Der Glaube bringt „unsagbare, von himmlischer Herrlichkeit verklärte Freude' (1 Petr 1,8)".

Am Tag danach traf sich der Heilige Vater mit den Teilnehmern der Seligsprechung, wie es unter seinem Pontifikat generell Sitte war. Überzeugt von der Notwendigkeit, der Welt die Botschaft der Göttlichen Barmherzigkeit zu übermitteln, rief er, der große Theologe, die Gläubigen auf: „Seid in Wort und Tat Apostel dieser Göttlichen, barmherzigen Liebe, die sich letztendlich in Christus offenbart hat. Dieses Geheimnis ist für uns alle sozusagen die Quelle eines anderen Lebens, als es der Mensch mit eigener Kraft formen kann. Möge dieses Geheimnis für jeden von euch Anregung und Kraft sein, um in euren konkreten Lebenssituationen im Sinne der Göttlichen Barmherzigkeit zu handeln. Durch dieses Geheimnis lehrt uns Christus, dass wir uns immer vergeben und einander lieben sollen, so wie Er uns liebt. Möge Gott, ‚der voll Erbarmen ist' (Eph 2,4), euch segnen und eure apostolische Mission fruchtbar gestalten. (...) Ich möchte noch einen Wunsch äußern; die Worte ‚Jesus, ich vertraue auf Dich', die auf so vielen Bildern zu sehen sind, sollen zu einem Wegweiser für die menschlichen Herzen werden, und zwar auch in Zukunft, am Ende dieses Jahrhunderts und dieses Jahrtausends und in den folgenden: ‚Jesus, ich vertraue auf Dich!' Es gibt keine Dunkelheit, in der sich der Mensch verirren müsste. Wenn er nur Jesus vertraut, findet er immer das Licht. (...) Gott sprach über die geistige Pracht der seligen Faustyna Kowalska zu uns. Sie hinterließ uns die große Botschaft der Göttlichen Barmherzigkeit und die Ermutigung sich vollends dem Schöpfer hinzugeben. Gott beschenkte sie mit einer besonderen Gnade, denn sie durfte Seine Barmherzigkeit auf dem Weg der mystischen Erfahrungen und des kontemplativen Gebets erfahren."

Fünf Monate später reiste Johannes Paul II. nach Litauen. Während seines Aufenthalts in Vilnius am 5. September 1995 besuchte er die Heiliggeistkirche und betete vor jenem Abbild des Barmherzigen Jesu, das von Eugeniusz Kazimirowski gemalt worden war. Der Papst begegnete auch den in Litauen

Auf Seite 71: Hauptaltar des römischen Heiligtums der Göttlichen Barmherzigkeit in der Heiliggeistkirche Santo Spirito in Sassia unweit des Petersplatzes. Verehrt werden hier sowohl das Abbild des Barmherzigen Jesu, als auch die Personen, die es in die Welt hinaustrugen, nämlich die hl. Schwester Faustyna, der selige Michał Sopoćko sowie der hl. Johannes Paul II.

Helena, die zur hl. Schwester Faustyna wurde…

DIE APOSTEL DER GÖTTLICHEN BARMHERZIGKEIT

„Krakau liebt Dich", steht auf dieser polnischen Flagge. Dies beruhte auf Gegenseitigkeit. So ist es unter anderem dem früheren Erzbischof von Krakau zu verdanken, dass in seiner Heimatstadt das Heiligtum der Göttlichen Barmherzigkeit entstehen konnte. Die Gläubigen aus Krakau kamen in Scharen zur Seligsprechung Faustynas nach Rom (1993).

lebenden Polen und bat sie um folgendes: „Lernt von Schwester Faustyna (...) wie man in allen Situationen ein Kind – Sohn oder Tochter – des himmlischen Vaters, ein Schüler des Fleisch gewordenen Wortes und ein Werkzeug des belebenden und tröstenden Geistes sein soll. Möge die selige Faustyna für jeden von euch bei Gott fürsprechen und euch lehren, in die himmlische Ewigkeit zu blicken und Gott ins Lebenszentrum zu stellen, so wie auch sie es getan hat."

Während der Mittwochsaudienz vom 12. Januar 1994 nahm Johannes Paul II. erneut Bezug auf die Mission der Apostelin der Göttlichen Barmherzigkeit: „Schwester Faustyna war sich der Bedeutung der von Christus übermittelten Botschaft bewusst, aber sie ahnte nicht, wie weit diese Botschaft nach ihrem Tod in die Welt hinausgetragen werden sollte. Die ganze Menschheit braucht diese Botschaft der Göttlichen Barmherzigkeit. Die moderne Welt braucht sie (...). Die Botschaft der Göttlichen Barmherzigkeit ist gleichzeitig ein Aufruf zu tieferem Vertrauen: *Jesus, ich vertraue auf Dich!* Es gibt keine bedeutungsvolleren Worte, als jene einfache Phrase, die Schwester Faustyna weitergegeben hat. *Jesus, ich vertraue auf Dich!* (...) *Spes contra spem!* Für Gott ist nämlich nichts unmöglich! Möglich ist vor allem die Bekehrung menschlicher Gewissen, der Wandel von Hass in Liebe und Krieg in Frieden. Deswegen wird unser Gebet noch lebendiger und vertrauensvoller. *Jesus, ich vertraue auf Dich.*"

Auf Bitte der polnischen Bischofskonferenz führte Papst Johannes Paul II. 1995 den ersten Sonntag nach Ostern als Festtag in allen polnischen Diözesen ein. Er selbst begab sich an diesem Tag in das römische Heiligtum der Gött-

...und Karol, der zum hl. Johannes Paul II. wurde

lichen Barmherzigkeit, das nahe des Vatikans und der Heiliggeistkirche „In Sassia" liegt. Dort hielt er eine Predigt über die Botschaft des Barmherzigen Jesu. „Faustyna schrieb nicht nur ihre mystischen Erfahrungen nieder, sondern suchte auch einen Maler, der Christus so hätte malen können, wie Er sich ihr gezeigt hat. Dieses Bild und die ganze Person Faustynas sind ein weiterer Beweis dafür, was die Theologen *condescendentia divina* nennen. Gott passt sich sozusagen dem Niveau seiner menschlichen Gesprächspartner an. Die ganze Heilige Schrift und vor allem die Evangelien sind ein Beweis dafür. Die Botschaft von Schwester Faustyna befindet sich gewissermaßen auf derselben Linie. Aber ging es hierbei nur um sie? Ging es nicht gleichzeitig um all die Menschen, denen die Botschaft Faustynas während der furchtbaren Erfahrungen des 2. Weltkriegs, der Konzentrationslager und der Bombardements Mut gab? Die mystische Erfahrung der seligen Faustyna Kowalska und der Bezug zum Barmherzigen Jesus sind eingebettet in den schwierigen Kontext unseres Jahrhunderts." Ich weiß nicht, ob es einen anderen Theologen bzw. Verehrer der Göttlichen Barmherzigkeit gab, der dies besser verstanden hätte...

Im Oktober 1995 wurden auf der anderen Seite des Globus die letzten Vorbereitungen für die Pilgerreise des Papsts in die USA getroffen. „Am 5. Oktober 1995 feierten wir eine den ganzen Tag dauernde Andacht vor dem Allerheiligsten Sakrament, während der wir den Rosenkranz zur Barmherzigkeit Gottes und andere Gebete beteten," schrieb der unheilbar kranke Priester Ronald Pytel, Pfarrer der Kirche der Mutter Gottes vom Rosenkranz in Baltimore, Ma-

Während seines Polenbesuchs am 16. Juni 1983 betete Papst Johannes Paul II. in der Warschauer Erzkathedrale am Grab von Kard. Stefan Wyszyński, dem polnischen Primas des Jahrtausends, der am 28. Mai 1981 gestorben war. Beide Kirchenmänner waren von der besonderen Stellung der polnischen Nation überzeugt, die das Gut des Glaubens und die christlichen Werte bewahren soll. Als erster rechts kniet Primas Józef Kard. Glemp, hinter ihm steht der Papstfotograf Arturo Mari.

DIE APOSTEL DER GÖTTLICHEN BARMHERZIGKEIT

Am 30. April 2000 wurde mit der ersten Heiligsprechung des neuen Jahrtausends die Apostelin der Göttlichen Barmherzigkeit zur Ehre der Altäre erhoben. An diesem Tag bestimmte Johannes Paul II. auch das Fest der Göttlichen Barmherzigkeit am ersten Sonntag nach Ostern für die ganze katholische Kirche. Somit wurde jene Aufgabe erfüllt, die Jesus Faustyna gestellt hatte.

ryland. „Der Tag endete mit einer heiligen Messe, die von mir geleitet wurde. Während meiner Predigt sprach ich über das Vertrauen zu Gott und wie mich Gott mit seiner Barmherzigkeit berührt. Am selben Abend betete eine Gruppe von Gläubigen um meine Genesung und bat um die Fürsprache Schwester Faustynas. Ich betete vor Faustynas Reliquien und war ganz im Heiligen Geist. Ungefähr 15 Minuten lang lag ich am Boden. Ich war völlig bei Bewusstsein, konnte mich aber nicht bewegen. Ich fühlte mich wie gelähmt, während meine Pfarrgemeindemitglieder um mich herum beteten." Ein Monat verging und am 9. November ging Ronald Pytel zu seinem Arzt. Dr. Fortiun machte eine Untersuchung mittels Doppler-Sonografie, um die Durchlässigkeit der Gefäße zu prüfen, und ein EKG. Als der Mediziner die Ergebnisse sah, konnte er sie nicht fassen. Lange Zeit beobachtete er seinen Patienten in Stille und sagte endlich: „Ron, jemand hat für dich gebetet, dein Herz ist gesund."

Im Juni 1997 kam Johannes Paul II. zum ersten Mal seit der Seligsprechung Faustynas nach Polen (bis auf den eintägigen Abstecher nach Skoczów und Żywiec im Jahr 1995). Am Abend des 7. Juni kam der Papst per Helikopter aus Zakopane in Krakau an. Er landete auf dem Gelände der ehemaligen Solvay-Fabrik in Borek Fałęcki bei Łagiewniki, wo er während der deutschen Besatzung schwere Arbeiten verrichten musste. In der Kapelle der Kongregation der Muttergottes der Göttlichen Barmherzigkeit angekommen, richtete er seine ersten Schritte vor das Abbild des Barmherzigen Jesu und die Reliquien der seligen Faustyna. In seiner Ansprache sagte er: „Nichts braucht der Mensch mehr, als die Göttliche Barmherzigkeit. Diese gnädige Liebe ist voller Mitleid und erhebt den Menschen über seine eigene Schwäche in Richtung der unendlichen Höhen der Heiligkeit Gottes. An diesem Ort wird uns das besonders bewusst. Von hier aus nämlich ging die Botschaft der Göttlichen Barmherzigkeit in die Welt hinaus, jene Botschaft, die Christus selbst unserer Generation über die selige Schwester Faustyna mitteilen wollte. Diese Botschaft ist klar und verständlich für jeden. Jeder kann hierher kommen, auf das Abbild des Barmherzigen Jesu und sein gnadenvolles Herz blicken, um tief in seiner Seele das zu hören, was auch die Selige gehört hatte: ‚Fürchte nichts, Ich bin immer mit dir' (TB 613). Wenn der Mensch ehrlich mit ‚Jesus, ich vertraue auf Dich' antwortet, wird er immer Linderung von seinen Unruhen und Ängsten finden. (...) Die Botschaft der Göttlichen Barmherzigkeit war mir immer wichtig und teuer. Die Geschichte schrieb sie gewissermaßen in den Kontext des 2. Weltkriegs. In diesen schweren Jahren war sie eine besondere Stütze und unendliche Quelle der Hoffnung, nicht nur für die Bewohner Krakaus, sondern auch für die ganze Nation. Dies war auch meine persönliche Erfahrung, die ich mit nach Rom genommen habe und die in gewisser Weise auch mein Pontifikat prägt. Ich danke der Göttlichen Vorsehung, dass ich selbst dem Willen Christi folgen und das Fest der Barmherzigkeit einführen konnte. Unentwegt bitte ich Gott um ‚Erbarmen mit uns und der ganzen Welt'". Zum Schluss segnete Johannes Paul II. den Grundstein für das Heiligtum der Göttlichen Barmherzigkeit, das hier nur fünf Jahre später auf Betreiben des Krakauer Metropoliten Kard. Franciszek Macharski entstehen sollte.

DIE APOSTEL DER GÖTTLICHEN BARMHERZIGKEIT

Während des Gebets „Regina caeli" am zweiten Ostersonntag des Jahres 1999 sprach Johannes Paul II. erneut von der Göttlichen Barmherzigkeit und rief die aus aller Welt eingetroffenen Pilger auf: „Ich ermuntere euch aus ganzem Herzen, dass ihr in eurem Umfeld, in der Arbeit und in eurem Leben, Apostel der Göttlichen Barmherzigkeit seid, so wie einst die selige Schwester Faustyna." Zwei Monate später erlitt der Papst während seiner Pilgerreise nach Polen ausgerechnet in Krakau einen Schwächeanfall und konnte somit nicht persönlich an der Heiligen Messe auf der Krakauer Stadtwiese Błonia teilnehmen. Unter strömendem Regen und vor zwei Millionen Gläubigen verlas Kard. Franciszek Macharski, die von Johannes Paul II. vorbereitete Homilie: „Haltet euch an die gesunde Lehre und nehmt auch die Liebe und den Glauben, die uns in Jesus Christus geschenkt worden sind, zum Vorbild. Bewahrt euch das anvertraute Gut durch die Kraft des Heiligen Geistes, der in euch wohnt (vgl. 1 Tim 1, 13-14). Tragt es mit Stolz und der Demut der Zeugen in das dritte Jahrtausend des Christentums. (...) Gebt den folgenden Generationen die Botschaft der Göttlichen Barmherzigkeit, die diese Stadt auserwählt hat, um sich der Welt zu offenbaren. Am Ende des 20. Jh. scheint die Welt dieser Botschaft mehr zu bedürfen denn je zuvor. Tragt sie als Ursprung der Hoffnung und Versicherung der Erlösung. Barmherziger Gott, unterstütze dein Volk auf Erden mit Deiner Gnade. Mache aus den Kindern dieser Kirche eine Generation der Zeugen für die nächsten Jahrhunderte. Durch die Kraft des Heiligen Geistes soll die Kirche in Krakau und in meinem ganzen Vaterland das Werk der Heiligung fortführen, das Du ihr vor tausend Jahren anvertraut hast." An dieser Stelle sollte auch erwähnt werden, dass aus vielen päpstlichen Texten – und nicht etwa nur dieser Homilie – die besondere Rolle Polens heraussticht, das seinen christlichen Wurzeln treu bleibt und das anvertraute Gut des Glaubens bewahrt...

Es vergingen weitere fünf Monate. Am 16. November 1999 stimmten die von der Kongregation für Selig- und Heiligsprechungsprozesse eingeladenen Ärzte über den Fall von Ronald Pytel ab und bestätigten – wie Pytel selbst angibt – dass „die Genesung der linken Herzkammer aus medizinischer Sicht nicht erklärbar war. Ich weiß, dass die selige Schwester Faustyna Fürsprache bei Jesus in meiner Sache getan hat und dass Seine Liebe mich berührt und geheilt hat." Am 9. Dezember bestätigte eine Kommission vatikanischer Theologen, dass es sich dabei um ein Wunder nach der Fürsprache der seligen Schwester Faustyna handelt. Danach trat eine Kommission von Kardinälen zusammen und promulgierte am 20. Dezember in Anwesenheit des Papsts das entsprechende Dekret über das Wunder.

15.

Endlich kam der Tag des 30. April 2000, der von den Verehrern Faustynas lange herbei gesehnte Tag ihrer Heiligsprechung. Gleichzeitig feierte die Kirche das große Jubeljahr 2000 und den Eintritt in das dritte Jahrtausend des Glaubens an den Herrn. An den Feierlichkeiten am Petersplatz nahmen mehr als 200 000 Gläubige teil, darunter ca. 130 Schwestern aus der Kongregation der Muttergottes der Göttlichen Barmherzigkeit. Auch in Łagiewniki versammelten sich 150 000 Pilger aus Polen, sowie Tschechien, der Slowakei, der Ukraine,

Auf Seite 77: Zu der freudvollen Feier der Heiligsprechung Faustynas kamen mehr als 30 000 polnische Pilger nach Rom, unter ihnen Vertreter der polnischen Bischofskonferenz, eine Regierungsdelegation und ca. 130 Schwestern der Kongregation der Muttergottes der Barmherzigkeit.

…und Karol, der zum hl. Johannes Paul II. wurde

Deutschland, Liechtenstein, den USA und den Philippinen. Unter der Leitung des Krakauer Weihbischofs Kazimierz Nycz zelebrierten 140 Priester die hl. Messe. Zwischen Rom und Krakau wurde eine Fernsehverbindung eingerichtet, damit die Gläubigen in Polen an den Feierlichkeiten am Petersplatz teilnehmen konnten. 63 Jahre zuvor, am 23. März 1937, hatte Schwester Faustyna dies bereits in einer Vision vorausgesehen, die sie im Tagebuch beschrieb: „Plötzlich wurde ich von der Anwesenheit Gottes erfüllt und ich sah mich in Rom, in der Kapelle des Heiligen Vaters, und gleichzeitig war ich in unserer Kapelle. Die Feier beim Heiligen Vater und in der gesamten Kirche war eng mit unserer Kapelle verbunden, in besonderer Weise mit unserer Kongregation. Ich nahm teil an den Feierlichkeiten in Rom und bei uns, da nun einmal die Feiern so eng miteinander verbunden waren. Obwohl ich hier darüber schreibe, kann ich keine Verschiedenheiten sehen, aber wie es ist, das heißt wie ich es gesehen habe. Ich sah in unserer Kapelle Jesus in der Monstranz auf dem großen Altar ausgestellt. Die Menschenmenge war so groß, dass ich sie nicht überblicken konnte. Alle nahmen mit großer Freude teil an der Feier und viele erhielten, was sie ersehnt hatten. Die gleiche Feier fand in Rom statt, im herrlichen Gotteshaus. Der Heilige Vater feierte dieses Fest mit der gesamten Geistlichkeit. Plötzlich erblickte ich den heiligen Petrus. Er stand zwischen dem Altar und dem Heiligen Vater. Ich konnte nicht hören, was der heilige Petrus sagte, aber ich sah, dass der Heilige Vater seine Worte verstand..." (TB 1044).

Der sichtlich gerührte Heilige Vater Johannes Paul II. sagte während der Heiligsprechung Faustynas: „Ich wünsche jedem aus ganzem Herzen, dass er das erfahren kann, was Maria einst zu Faustyna gesagt hat: ‚Ich bin nicht nur Königin des Himmels, sondern auch Mutter der Barmherzigkeit und deine Mutter' (TB 330). Die Botschaft der Göttlichen Barmherzigkeit und das Abbild des Barmherzigen Jesu, über die uns Schwester Faustyna Kowalska heute erzählt, sind ein sichtbares Zeichen des großen Jubeljahres, das fruchtbar und freudig in der ganzen Kirche gefeiert wird. Ihr kamt in Scharen, um der neuen Heiligen zu huldigen. Möge ihre Fürsprache reiche Gaben der Buße, Vergebung und neuer geistiger Lebendigkeit in den Kirchen eurer Länder erflehen. Möge der Gedanke der Göttlichen Barmherzigkeit in euren Herzen neue Kraft wecken, die euch hilft, Werke des Glaubens und der Solidarität zu begehen."

An diesem Tag bestimmte der Papst das Fest der Göttlichen Barmherzigkeit für die ganze Kirche, was sowohl in Krakau als auch in Rom mit begeistertem Beifall begrüßt wurde. Somit erfüllte sich in dem Jubeljahr 2000 auch dieser Wunsch des Herrn, den er Jahrzehnte zuvor der hl. Faustyna übertragen hatte. Deswegen bemerkte Erzbischof Stanisław Nowak folgendes: „Vielerlei führte zur Aufnahme dieses Fests: tiefgründige, theologische Reflexion, Gebet, Leid, schwere und schmerzhafte Erfahrungen. Das alles kann man als wahren Kreuzweg bezeichnen, der zum Sieg geführt hat. Auf diesem Weg gingen nicht nur die hl. Faustyna, der Jesus die Botschaft der Göttlichen Barmherzigkeit vermittelt hat, sondern auch ihr Seelsorger, Beichtvater und Helfer Michał Sopoćko, sowie vor allem der hl. Johannes Paul II." An dieser

Helena, die zur hl. Schwester Faustyna wurde…

Stelle gilt es noch anzumerken, dass die Seligsprechung Sopoćkos am 28. September 2008 im Heiligtum der Göttlichen Barmherzigkeit in Białystok stattgefunden hat.

Als ein Jahr später, am 22. April 2001, in Rom und zum ersten Mal auch auf der ganzen Welt der Sonntag der Barmherzigkeit gefeiert wurde, sagte Papst Johannes Paul II: „Die Erhebung zur Ehre der Altäre dieser bescheidenen Ordensfrau und Tochter meines Heimatlandes ist ein Geschenk nicht nur für Polen, sondern für die ganze Menschheit, denn die von ihr überbrachte Botschaft ist die angemessene und eindrucksvolle Antwort, die Gott auf die Fragen und Erwartungen der Menschen in unserer von unerhörten Tragödien gezeichneten Zeit gegeben hat. Jesus sagte eines Tages zu Schwester Faustyna: ‚Die Menschheit wird keinen Frieden finden, solange sie sich nicht mit Vertrauen an Meine Barmherzigkeit wendet' (TB 330). Die Barmherzigkeit Gottes! Dies ist das Ostergeschenk, das die Kirche vom auferstandenen Christus empfängt und das sie zu Beginn des dritten Jahrtausends der Menschheit anbietet. (...) Das Herz Christi! Sein „Heiligstes Herz" hat den Menschen alles gegeben: Erlösung, Heil, Heiligung. Aus diesem von Milde überfließenden Herzen sah die hl. Faustyna Kowalska zwei Lichtbündel ausströmen, die die Welt erleuchteten. ‚Die zwei Strahlen – so vertraute Jesus selbst ihr an – bedeuten Blut und Wasser' (TB 299). Das Blut erinnert an das Opfer auf dem Golgota und an das Geheimnis der Eucharistie, während das Wasser, gemäß der reichen Symbolik des Evangelisten Johannes, an die Taufe und die Gabe des

Zentraler Punkt der letzten Pilgerreise von Johannes Paul II. in sein Vaterland war die Weihe des neu entstandenen Heiligtums der Göttlichen Barmherzigkeit in Łagiewniki. Der Papst tat dies am 17. August 2002, nachdem er fünf Jahre zuvor den Grundstein der monumentalen Basilika geweiht hatte.

DIE APOSTEL DER GÖTTLICHEN BARMHERZIGKEIT

Heiligen Geistes denken lässt (vgl. Joh 3,5; 4,14). Durch das Geheimnis dieses verwundeten Herzens hört der erquickende Strom der barmherzigen Liebe Gottes nicht auf, sich auch über die Männer und Frauen unseres Zeitalters zu ergießen. Wer sich nach echtem und dauerhaftem Glück sehnt, kann nur hierin dessen Geheimnis finden."

Vor dem Gebet „Regina caeli" am Sonntag der Göttlichen Barmherzigkeit am 7. April 2002 sagte Johannes Paul II. angesichts der immer größer werdenden Gefahren der modernen Welt folgendes: „'Jesus, ich vertraue auf dich!', wiederholen wir in dieser komplizierten und schwierigen Zeit, denn wir wissen, dass wir jener göttlichen Barmherzigkeit bedürfen, die der Herr vor mehr als einem halben Jahrhundert der hl. Faustyna Kowalska so großzügig zeigte. Wo Prüfungen und Probleme am schwersten sind, muss die Anrufung des auferstandenen Herrn noch beharrlicher und die Bitte um die Gabe seines Heiligen Geistes als Quelle der Liebe und des Friedens noch eindringlicher werden."

Die seelischen Erlebnisse von Schwester Faustyna sind ein Beispiel für ein sehr intensives Miteinander mit dem Schöpfer. Die im Tagebuch beschriebene Erfahrung Gottes, die Doktrin der Göttlichen Barmherzigkeit sowie die Tiefe ihres mystischen Innenlebens stellen sie in eine Reihe mit den größten Mystikern des Christentums und qualifizieren sie – ähnlich wie die hl. Therese von Lisieux – für den Rang eines Kirchenlehrers.

Der Heilige Vater Johannes Paul II. übte auf alle Altersgruppen eine besondere Anziehungskraft aus. Auf dem Bild ist eine Jugendgruppe aus Wadowice zu sehen.

...und Karol, der zum hl. Johannes Paul II. wurde

16.

Das Motto der letzten Pilgerreise von Papst Johannes Paul II. in sein Vaterland im Jahr 2002 war „Gott ist voller Barmherzigkeit", was aus seiner Enzyklika „Dives in misericordia" stammt. Der Heilige Vater erwählte dies gleichzeitig zur Devise der Kirche und Polens im neuen Jahrtausend. Während der Begrüßungszeremonie am 16. August auf dem Krakauer Flughafen Balice, erinnerte er daran, dass von Łagiewniki aus „diese Wahrheit ihren ganz besonderen Ausdruck gefunden hat. Dank des demütigen Dienstes einer außergewöhnlichen Zeugin – der heiligen Schwester Faustyna – geht von hier die im Evangelium verankerte Botschaft von der erbarmenden Liebe Gottes aus."

Zwei Tage später fand ein epochales Ereignis statt, als Johannes Paul II. – der Nachfolger Petri und Apostel der Göttlichen Barmherzigkeit – die neu errichtete Basilika der Göttlichen Barmherzigkeit weihte. Von der Parkinsonkrankheit geschwächt und nicht mehr in der Lage aus eigener Kraft zu gehen, sprach er dennoch mit gewohnter Inbrunst und der Macht eines Propheten zur ganzen Welt. „Seit ihren Anfängen verkündet die Kirche unter Berufung auf das Geheimnis des Kreuzes und der Auferstehung die Barmherzigkeit Gottes als Unterpfand der Hoffnung und Quelle des Heils für den Menschen. Sie scheint jedoch vor allem heute dazu aufgefordert zu sein, diese Botschaft der Welt zu verkünden. Sie darf diesen Auftrag nicht vernachlässigen, denn Gott selbst ruft sie durch das Zeugnis der hl. Faustyna dazu auf. Die Stimme Gottes im Herzen tragen. Dafür hat Gott unser Zeitalter erwählt. Vielleicht weil

Dank der Großzügigkeit vieler Spender konnte die Basilika nach dem Entwurf von Prof. Witold Cęckiewicz mit dem freistehenden und Krakau überragenden Aussichtsturm in Rekordtempo entstehen.

das 20. Jahrhundert trotz unbestreitbarer Erfolge auf vielen Gebieten ganz besonders vom *mysterium iniquitatis* gekennzeichnet war. Mit diesem Erbe des Guten, aber auch des Bösen sind wir in das neue Jahrtausend eingetreten. Der Menschheit eröffnen sich neue Möglichkeiten der Entwicklung, zugleich steht sie aber auch vor bisher unbekannten Gefahren. Häufig lebt der Mensch so, als ob es Gott nicht gäbe, und er setzt sich selbst an die Stelle Gottes. Er maßt sich das Recht des Schöpfers an, in das Geheimnis des menschlichen Lebens einzugreifen. Durch genetische Manipulationen will er über das Leben des Menschen entscheiden und die Grenze des Todes festlegen. Dadurch dass er die Gebote Gottes und die moralischen Grundsätze zurückweist, bringt er die Familie offenkundig in Gefahr. Auf verschiedene Weise versucht er, die Stimme Gottes im Herzen der Menschen zum Schweigen zu bringen; er will Gott aus der Kultur und dem Gewissen der Völker ausschließen. Nach wie vor kennzeichnet das *mysterium iniquitatis* die Wirklichkeit der Welt.

Unter den Eindrücken dieses Geheimnisses durchlebt der Mensch die Angst vor der Zukunft, vor der Leere, vor dem Schmerz und vor der Zerstörung. Es scheint, als wäre Christus gerade deswegen durch das Zeugnis einer demütigen Ordensschwester in unsere Zeit gekommen, um die im ewigen Erbarmen Gottes enthaltene Quelle des Trostes und der Hoffnung aufzuzeigen.

Die Botschaft der barmherzigen Liebe muss mit neuer Kraft verkündet werden. Die Welt braucht diese Liebe. Es ist Zeit, die Botschaft Christi allen Menschen zu verkünden: insbesondere denjenigen, deren Menschlichkeit und Würde sich im *mysterium iniquitatis* zu verlieren scheinen. Die Stunde ist gekommen, in der die Botschaft vom Erbarmen Gottes die Herzen mit Hoffnung erfüllt und zum Funken einer neuen Zivilisation – der Zivilisation der Liebe – wird.

Zu seinem Gedenken rufe ich den Priestern und Seminaristen zu: Brüder, bitte vergesst nicht, dass ihr als Ausspender des göttlichen Erbarmens große Verantwortung tragt; bedenkt auch, dass Christus selbst euch mit der durch Schwester Faustyna vermittelten Verheißung tröstet: ‚*Sage Meinen Priestern, dass verhärtete Sünder durch ihre Worte reumütig werden, wenn sie von Meiner unergründlichen Barmherzigkeit sprechen, vom Erbarmen, das Ich für sie im Herzen habe*' (TB 1521)."

Am Ende der Homilie zur Weihe des neuen Heiligtums in Łagiewniki vertraute Johannes Paul II. die Welt in einem feierlichen Akt der Göttlichen Barmherzigkeit an.

Der sichtbar leidende und 82 Jahre alte Papst Johannes Paul II. näherte sich bereits dem Ende seiner Mission. Nicht ganz vier Jahre später kam sein Nachfolger Benedikt XVI. am 27. Mai 2006 an denselben Ort und betete vor dem Abbild des Barmherzigen Jesu. Wiederum zehn Jahre später rief Papst Franziskus das Jubeljahr der Barmherzigkeit aus, besuchte die Basilika in Łagiewniki und kniete nieder vor dieser großen Hoffnung der Menschheit, die einst aus diesem unscheinbaren Ort herausging, um der Welt Rettung zu bringen.

Johannes Paul II. absolvierte 104 Auslandspilgerreisen, während derer er 135 Länder auf allen Kontinenten der Welt besuchte, manche auch mehrmals.

Helena, die zur hl. Schwester Faustyna wurde…

Am 18. August feierte Papst Johannes Paul II. auf der Krakauer Stadtwiese Błonia die hl. Messe – neben ihm stehen Kard. Angelo Sodano (links) und Bischof Piero Marini. Den Feldaltar schmückte das Abbild des Barmherzigen Jesu; das Motto der Pilgerreise lautete „Gott ist voller Barmherzigkeit".

Dabei hielt er 2400 Ansprachen, Predigten bzw. Homilien und verkündete stets die Botschaft der Göttlichen Barmherzigkeit. In Kirchen, Stadien und Armenvierteln sowie auf Flughäfen, Stadtplätzen und riesigen Parkanlagen las er hl. Messen, wobei regelmäßig mehrere Millionen Menschen kamen. Er evangelisierte Arme sowie Reiche und traf sich mit Einheimischen, Jugendlichen, Kindern, Kranken, Häftlingen, Vertretern anderer Religionen, Politikern, Künstlern und Wissenschaftlern. Er besuchte Slums, Krankenhäuser und Hospizen. Er wollte jeden mit der Frohen Botschaft erreichen. Auf der ganzen Welt ermahnte er einen Platz für Gott im Leben eines jeden und setzte sich für die unantastbare Menschenwürde sowie die Heiligkeit des Lebens von der Zeugung bis zum natürlichen Tod ein. Seine Wegweiser waren das Evangelium sowie die Göttliche Barmherzigkeit, die immer ein Bezugspunkt in seinen Gedanken, Diskussionen und Auftritten war. Schätzungen zufolge, konvertierten während seines Pontifikats 300 Millionen Menschen zum Katholizismus. Der Aspekt der Göttlichen Barmherzigkeit war zwar immer in der katholischen Theologie vorhanden, wurde aber nach der Heiligsprechung Schwester Faustynas, der Einführung des Fests der Göttlichen Barmherzigkeit und dem Anvertrauen der Welt an die Göttliche Barmherzigkeit ins Zentrum der christlichen Geistigkeit gerückt.

Schon zu Lebzeiten von Johannes Paul II. erhielten dank seiner Fürsprache viele Menschen zahlreiche Gnaden, da den Vatikan viele Bitten um des Papsts Gebet erreichten und dieser niemals ablehnte. Am 2. April 2005 um 21:37 Uhr, am Vortag des Fests der Göttlichen Barmherzigkeit, ist Johannes Paul II. ins Haus des Herrn zurückgekehrt. In einer gigantischen Warteschlange von nie zuvor gesehenem Ausmaß stellten sich 1,5 Millionen Menschen auf, um Johannes Paul II. ihre letzte Ehrerbietung zu erweisen. Die Begräbnisfeierlichkeiten am 8. April 2005 auf dem Petersplatz leitete der Präfekt der Glaubenskongregation Kard. Joseph Ratzinger, einer der wichtigsten Mitarbeiter des polnischen Heiligen Vaters und der spätere Papst Benedikt XVI. Nach der Beisetzung skandierten die versammelten Gläubigen *Santo subito!* und forderten eine rasche Heiligsprechung von Johannes Paul II.

Am 13. Mai 2005 genehmigte Papst Benedikt XVI. die sofortige Aufnahme des Seligsprechungsprozesses von Johannes Paul II. Fünfeinhalb Jahre später unterschrieb er am 19. Dezember 2010 das Dekret über den heroischen Tugendgrad des Papsts. Die medizinisch nicht erklärbare Genesung einer parkinsonkranken, französischen Nonne wurde eingehend geprüft und als Wunder erklärt. Wie wir heute wissen, war dies nur eines von vielen. Die Seligsprechung fand am 1. Mai 2011, dem Sonntag der Barmherzigkeit statt. Die 50-jährige Floribeth Diaz aus Costa Rica verfolgte die Übertragung im Fernsehen, nachdem bei ihr drei Wochen zuvor, am 8. April 2011, ein Aneurysma (Gefäßerweiterung) in der rechten Gehirnhalbkugel diagnostiziert worden war. Die Mediziner prognostizierten ihr eine Lebenserwartung von einigen Wochen. Während der Seligsprechung betete Floribeth gemeinsam mit ihrer Familie um Genesung und die Fürsprache von Johannes Paul II. Floribeth Diaz wurde erhört. Am 5. Juli 2013 bestätigte Papst Franziskus in einem entsprechenden Dekret die Au-

Auf Seite 85: Während der Weihe der Basilika der Göttlichen Barmherzigkeit salbte Johannes Paul II. den Altartisch mit dem heiligen Chrisam (Salböl). Der greise und schwer kranke Papst hinterließ den Polen ein Zeichen der Hoffnung und die Weisung, auf der ganzen Welt die Botschaft der Göttlichen Barmherzigkeit zu verkünden.

…und Karol, der zum hl. Johannes Paul II. wurde

85

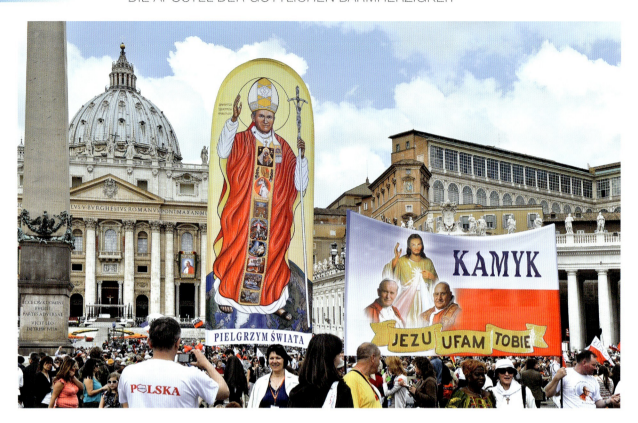

Am 27. April 2014 versammelten sich Pilger aus der ganzen Welt auf dem Petersplatz in Rom, um die Heiligsprechung von Johannes Paul II. zu feiern, wobei mit Abstand die meisten Gläubigen aus Polen stammten. Die Zeremonie fand, so wie die Seligsprechung drei Jahre zuvor, am Sonntag der Barmherzigkeit statt.

thentizität dieses Wunders. Die Heiligsprechung jenes Mannes, der das Werk der einfachen Schwester Faustyna fortführte – die heute übrigens die meistgelesene polnische Autorin ist – fand am 27. April 2014, dem Sonntag der Barmherzigkeit, unter dem Beisein einer Million Gläubigen auf dem Petersplatz statt.

„Christus trug die Sünden von vielen (vgl. Jes 53,12), um der Gerechtigkeit Genüge zu leisten, und schaffte damit das Gleichgewicht zwischen der Gerechtigkeit und der Barmherzigkeit des Vaters," schrieb Johannes Paul II. in seinem Buch „Erinnerung und Identität". „Es ist bezeichnend, dass die heilige Faustyna diesen Sohn als barmherzigen Gott erkannte und ihn nicht in erster Linie auf dem Kreuz sah, sondern als Auferstandenen und Gepriesenen. Deswegen verflocht sich ihre Mystik der Barmherzigkeit mit dem Ostergeheimnis, wo Christus sich als Sieger über Leben und Tod offenbart (vgl. Joh 20,19-23). (...) Selbstverständlich findet sich in der Göttlichen Barmherzigkeit auch die Gerechtigkeit, aber diese bildet nicht das letzte Wort in Gottes Plan für die Welt und vor allem für den Menschen. Gott kann immer aus dem Bösen etwas Gutes herausführen. Gott will, dass alle Menschen gerettet werden und zur Erkenntnis der Wahrheit gelangen (vgl. 1 Tim 2,4) – Gott ist die Liebe (vgl. 1 Joh 4,8). Der gekreuzigte und auferstandene Christus – so wie er sich Faustyna gezeigt hat – ist eine besondere Offenbarung dieser Wahrheit."

78 Jahre sind seit dem Tod Faustynas vergangen, 11 seit jenem von Johannes Paul II. Die Früchte ihrer Arbeit als Apostel reichen bis ans Ende der Welt. Neue Generationen wachsen heran, die voller Vertrauen nach Łagiewniki pil-

gern, um dort die Botschaft der Göttlichen Barmherzigkeit zu hören, sie aufzunehmen und hinauszutragen zu ihren Nächsten, ihrer Familie, ihren Nachbarn oder Arbeitskollegen. Besonders in der heutigen Zeit, die so sehr vom Nihilismus, vielen Formen eines aggressiven Atheismus, einem brutalen und rücksichtslosen Kampf der Zivilisation des Todes gegen die Zivilisation des Lebens und anti-kirchlichen Einstellungen geprägt sind, gleicht das Zeugnis der barmherzigen Liebe Gottes dem Licht in einem Tunnel oder einem Leuchtturm, der inmitten eines Sturms den sicheren Hafen zeigt.

Jolanta Sosnowska

Auch die im Ausland lebenden Polen erschienen zahlreich zur Heiligsprechung von Johannes Paul II. Dort verehren sie den Barmherzigen Christus ebenfalls, dessen Abbild heute auf der ganzen Welt bekannt ist. Als Faustyna Jahrzehnte zuvor diese Aufgabe erhielt, erschien sie allerdings fast unlösbar.

Krakau – Hauptstadt der Göttlichen Barmherzigkeit

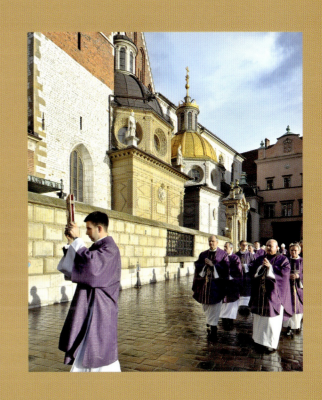

DIE APOSTEL DER GÖTTLICHEN BARMHERZIGKEIT

Auf Seite 91: Vom Gewicht des Heiligtums der Göttlichen Barmherzigkeit zeugen sowohl die ankommenden Pilgerscharen (ca. zwei Millionen pro Jahr), als auch die Zahl der wichtigsten Feste, die hier begangen werden. Am 17. Juni 2012 beteten die Gläubigen auf Einladung von Bischof Grzegorz Ryś um die Evangelisierung Krakaus.

Das Heiligtum in Łagiewniki eint alle Verehrer der Göttlichen Barmherzigkeit. Jeden Frühling besucht eine Pilgergruppe griechisch-katholischer Slowaken das Grab Faustynas. Am 25. Mai 2013 leitete Erzbischof Ján Babjak aus Preszów (Bildmitte) die Liturgie.

Krakau – Hauptstadt der Göttlichen Barmherzigkeit

DIE APOSTEL DER GÖTTLICHEN BARMHERZIGKEIT

Krakau – Hauptstadt der Göttlichen Barmherzigkeit

Auf Seite 92:
Die Veranstaltungen im Heiligtum der Göttlichen Barmherzigkeit in Łagiewniki sind oft nicht nur von nationaler, sondern auch von internationaler Bedeutung, wie beispielsweise der Weltkongress der Göttlichen Barmherzigkeit (Oktober 2011, oben) oder das ökumenische Treffen (September 2009, unten). Auf dem obigen Foto sind der Erzbischof von Wien Christoph Kard. Schönborn und der ehemalige Erzbischof von Krakau Franciszek Kard. Macharski zu sehen, der sich seit jeher für den Bau des Heiligtums in Łagiewniki eingesetzt und „Jesus, ich vertraue auf Dich" zu seinem Wahlspruch gewählt hat.

„Das Heiligtum der Göttlichen Barmherzigkeit ist vor allem jener Ort, wo man die Barmherzigkeit für uns und die ganze Welt erflehen kann. Hier erfahren wir eine Verdichtung verschiedener schwieriger Einzelschicksale, unzähliger Leidenswege, persönlicher und familiärer Tragödien. Deswegen konzentriert sich schon seit Jahren hier das Rufen um die Göttliche Barmherzigkeit sowie die Hoffnung für den Menschen und die Welt." (Kard. Stanisław Dziwisz)

DIE APOSTEL DER GÖTTLICHEN BARMHERZIGKEIT

Krakau – Hauptstadt der Göttlichen Barmherzigkeit

In den Tagen vom 1. bis zum 5. Oktober 2011 fand im Heiligtum der Göttlichen Barmherzigkeit in Łagiewniki der 2. Weltkongress der Göttlichen Barmherzigkeit unter dem Motto „Die Barmherzigkeit als Quelle der Hoffnung" statt. Verehrer der Göttlichen Barmherzigkeit aus 70 Ländern der Welt nahmen daran teil. Sie wurden von Kard. Stanisław Dziwisz begrüßt.

DIE APOSTEL DER GÖTTLICHEN BARMHERZIGKEIT

Krakau – Hauptstadt der Göttlichen Barmherzigkeit

Auf Seite 96:
Oben:
Besonders viele Pilger kommen am ersten Sonntag nach Ostern, dem Fest der Göttlichen Barmherzigkeit nach Łagiewniki. Die an diesem Tag geweihten Abbilder des Barmherzigen Jesu werden anschließend in Kirchen überall in Polen aufgehängt.

Unten:
Am 11. Februar 2014, dem Festtag der Mutter Gottes von Lourdes, fanden in der Basilika der Göttlichen Barmherzigkeit die Krakauer Hauptfeierlichkeiten des Weltkrankentags statt, den Johannes Paul II. 1992 eingeführt hatte.

Eine gerührte Teilnehmerin des Weltkongresses der Göttlichen Barmherzigkeit.

DIE APOSTEL DER GÖTTLICHEN BARMHERZIGKEIT

Während des Weltkongresses der Göttlichen Barmherzigkeit fanden Vorlesungen, Treffen, Vorführungen, Andachten und natürlich auch hl. Messen statt. Der 3. Oktober 2011 war als dritter Kongresstag der hl. Schwester Faustyna gewidmet.

Das Heiligtum Krakau-Łagiewniki, von dem Johannes Paul II. sagte, es sei „ein besonderer Ort, den Gott auserwählt hat, um von hier aus seine Gnade auszuschütten und seine Barmherzigkeit zu schenken", wurde in den letzten Jahrzehnten zur Hauptstadt des weltweiten Kults der Göttlichen Barmherzigkeit. Von hier soll auch der „Funke kommen, der die Welt auf die Rückkehr Jesu vorbereiten wird", wie die hl. Schwester Faustyna in ihrem Tagebuch notierte. Aber nicht nur sie war mit dem Kloster Łagiewniki verbunden, sondern auch Karol Wojtyła, der während der deutschen Besatzung – schon nach Faustynas Tod – fast jeden Tag hierher kam, um wenigstens eine Weile lang zu beten. Als Papst weihte er dann viele Jahre später das Heiligtum der Göttlichen Barmherzigkeit.

Jährlich besuchen zwei Millionen Pilger aus über 90 Ländern der Welt das Krakauer Heiligtum. Es kommen nicht nur Katholiken, sondern auch Orthodoxe, Juden oder sogar Atheisten. Am Tag der Seligsprechung von Johannes Paul II. – am Sonntag der Barmherzigkeit am 1. Mai 2011 – beteten in Łagiewniki an nur einem Tag 160 000 Pilger aus 44 Ländern aller fünf Kontinente gemeinsam, unter anderem auch Gläubige aus Sri Lanka, Uganda, Costa Rica, Malaysia oder Indonesien.

Die sonntägliche Frühmesse im Heiligtum der hl. Schwester Faustyna um 7.00 Uhr versammelt nicht nur vor Ort viele Gläubige, sondern auch vor den Fernsehgeräten – regelmäßig sind es 1,1 Millionen Zuseher. Im Heiligtum wird täglich um 15.00 Uhr (der Stunde der Barmherzigkeit) vor den Reliquien Faustynas und dem Abbild des Barmherzigen Jesu der Rosenkranz zur Göttlichen Barmherzigkeit gebetet. Dank der Live-Radioübertragung können 250 000 Menschen aus ganz Polen mitbeten. Rund um die Uhr wird über eine Webcam das Bild aus der Klosterkapelle der Schwestern der Muttergottes der Barmherzigkeit übertragen, das über jeden Webbrowser mittels „TV Miłosierdzie" empfangen werden kann. Durch diese Mittel wächst die Zahl der Besucher ständig und immer mehr Menschen nehmen an den Andachten, Gebeten sowie hl. Messen teil. Gleich neben der Basilika befindet sich die Kapelle der Immerwährenden Anbetung des Allerheiligsten Sakraments, ihr gegenüber sieht man den Eingang zur Johannes Paul II.-Aula.

Im Heiligtum Łagiewniki passieren große Dinge, Gottes Gnaden werden ausgestrahlt und es geschehen Wunder dank der Fürsprache der hl. Schwester Faustyna. Jährlich erhält das Heiligtum zehntausende Dankesbriefe, die das alles bestätigen. Auch die Pilger vor Ort füllen jährlich einige Dutzend Hefte mit ihren persönlichen Danksagungen, da sie in der Kapellenhalle die Möglichkeit haben, diese einzutragen. Viele Gläubige bringen auch verschiedene Votivgaben. Menschen, die oftmals viele Jahre lang die Last der Schuld und Sünde mit sich getragen haben, finden dank dem Vertrauen auf die Göttliche Barmherzigkeit und eine gute Beichte Frieden, innere Ausgeglichenheit und eine ganz neue Perspektive auf das Leben und die Welt im Sinne der Göttlichen Barmherzigkeit. (J.S.)

DIE APOSTEL DER GÖTTLICHEN BARMHERZIGKEIT

Auf Seite 101: Im Rahmen des Weltkongresses der Göttlichen Barmherzigkeit wurde am 2. Oktober 2011 auf dem Krakauer Marktplatz (Rynek Główny) das Mysterienspiel „Credo" von der italienischen Gruppe Cenacolo aufgeführt.

Die Basilika der Göttlichen Barmherzigkeit wurde nach dem Entwurf von Prof. Witold Cęckiewicz errichtet und erinnert von ihrer Form her an ein Schiff, also die moderne Bundeslade. Über dem Eingang zum Aussichtsturm befindet sich eine Skulptur des Apostels der Göttlichen Barmherzigkeit, Johannes Paul II.

Krakau – Hauptstadt der Göttlichen Barmherzigkeit

DIE APOSTEL DER GÖTTLICHEN BARMHERZIGKEIT

Krakau – Hauptstadt der Göttlichen Barmherzigkeit

Das Mysterienspiel „Credo" ist ein Licht-Sound-Spektakel und ein „Versuch der Evangelisierung, durch die wir die Herzen der Zuseher zu bewegen versuchen", wie es eines der Mitglieder von Cenacolo (ital. Abendmahlsaal) beschrieb. Die Geschichte beginnt mit der Schöpfung und endet mit der Auferstehung Christi.

DIE APOSTEL DER GÖTTLICHEN BARMHERZIGKEIT

Auf Seite 105:
Oben:
Am 23. August 2015 kamen die Teilnehmer der 2. Polnischen Pilgerfahrt der Verehrer der Göttlichen Barmherzigkeit nach Łagiewniki. Unter den Segen spendenden Priestern befand sich auch Msgr. Franciszek Ślusarczyk, der Kustos des Heiligtums, der von Papst Franziskus im Jubiläumsjahr der Barmherzigkeit zum Missionar der Barmherzigkeit berufen worden ist.

Unten:
11. Februar 2014, Weltkrankentag. Der Krakauer Weihbischof Jan Szkodoń spendet das Sakrament der Krankensalbung.

Am 15. April 2012 wurde in Łagiewniki der Sonntag der Barmherzigkeit gefeiert. In Galauniform tragen Mitglieder der Freiwilligen Feuerwehr eine Kopie des Abbilds des Barmherzigen Jesu zum Hauptaltar.

Krakau – Hauptstadt der Göttlichen Barmherzigkeit

DIE APOSTEL DER GÖTTLICHEN BARMHERZIGKEIT

Auf Seite 107:
Oben:
Heilige Kommunion während der feierlichen Eucharistie mit Verehrungsgebet am Vortag des Gedenktags von Johannes Paul II. (21. Oktober 2012).

Unten:
Die Gläubigen kamen in Scharen, um den Leib Christi zu empfangen. Die hl. Kommunion wurde von Msgr. Jan Kabziński ausgeteilt, dem Kustos des Johannes Paul II.-Heiligtums in Krakau.

Während der Nacht vom 16. zum 17. Juni 2012 wurde der 10. Jahrestag der Heiligsprechung Pater Pios gefeiert. Die Gläubigen versammelten sich zur „10. Gebetswache mit dem Vater" unter dem Motto „Seid Heilige".

DIE APOSTEL DER GÖTTLICHEN BARMHERZIGKEIT

Auf Seite 109:
Oben:
Beichte während des Weltkrankentags am 11. Februar 2014.

Unten: Jubiläumsfeier zum 800. Jahrestag der Ordensgründung der Franziskaner. Die Feierlichkeiten begannen am 30. September in Krakau und endeten mit einer Hochmesse im Heiligtum der Göttlichen Barmherzigkeit, während der Kard. Stanisław Dziwisz die Predigt hielt.

Die Botschaft der Göttlichen Barmherzigkeit findet vor allem bei den Leidenden Anklang, deswegen ist es auch nicht verwunderlich, dass der Weltkrankentag der Diözese Krakau im Heiligtum Łagiewniki begangen wird.

Krakau – Hauptstadt der Göttlichen Barmherzigkeit

Krakau – Hauptstadt der Göttlichen Barmherzigkeit

Auf Seite 110:
Das Verehrungsgebet am 21. Oktober 2012 wurde von Freude, Enthusiasmus und Überschwang begleitet.

Bischof Jan Zając – in den Jahren 2002-2014 Kustos des Heiligtums – segnet jene Gläubigen, die gekommen sind, um die Göttliche Barmherzigkeit zu verehren (23. August 2015).

Barmherzigkeit verbindet die Menschen und öffnet sie einander

DIE APOSTEL DER GÖTTLICHEN BARMHERZIGKEIT

Benedikt XVI., der Nachfolger von Papst Johannes Paul II., besuchte das Heiligtum in Łagiewniki am 27. Mai 2006. Der Heilige Vater betete in der Klosterkapelle vor dem Abbild des Barmherzigen Jesu und dem Grab der hl. Schwester Faustyna und traf sich anschließend in der Basilika mit kranken und behinderten Menschen.

Die Pontifikate von Johannes Paul II. und Benedikt XVI. zeichnen sich durch die Lehre über die Liebe Gottes zum Menschen, also die Göttliche Barmherzigkeit, aus. Die Enzyklika von Johannes Paul II. über Gott, der voller Barmherzigkeit ist, (*Dives in misericordia*, 1980) erschien im Triptychon der Enzykliken über das Geheimnis Gottes: *Redemptor hominis* (Erlöser des Menschen, 1979) und *Dominum et vivificantem* (Herr und Lebensspender, 1986). Für diesen Papst ist die Barmherzigkeit der Schlüssel zur Erkenntnis Gottes und seiner Erfahrung im Leben. Sie bildet auch eine Möglichkeit die Wahrheit über den Menschen und die Welt, in der er lebt, zu erkennen.

So ist es auch kein Zufall, dass Benedikt XVI. sein Pontifikat mit der Enzyklika *Deus caritas est* (Gott ist die Liebe, 2005) begonnen hat, in der er über das Geheimnis Gottes spricht, der sich durch die Liebe offenbart. Die Göttliche Barmherzigkeit, welche die Beziehung Gottes zum Menschen bestimmt, ist nicht nur ein Zeichen der Anwesenheit Gottes in der modernen Welt und den Menschenschicksalen, sondern formt auch eine breite Kommunikationsplattform für die Menschen untereinander.

Papst Franziskus ging in seiner Lehre noch weiter und erklärte in der Bulle *Misericordiae vultus* das Jahr 2016 zum Außerordentlichen Jubiläum der Barmherzigkeit. Er unterstrich, dass die Barmherzigkeit eine besondere Chance für die Menschheit ist, weil sie die Menschen einander öffnet und sie zu Brüdern macht. Franziskus sendet heute in alle Welt Apostel der Göttlichen Barmherzigkeit aus, damit sie den Menschen den liebenden Gott näher bringen. Im Gesprächsbuch „Der Name Gottes ist Barmherzigkeit" gibt er an, dass die Barmherzigkeit der Weg zu Gott und zum Menschen ist. Deswegen müsse sich die ganze Kirche diesem Geheimnis Gottes öffnen und es erneut erkennen.

Die theologische Reflexion über die Frage der Barmherzigkeit in den Lehren von Johannes Paul II. und Benedikt XVI. scheint eine Chance für die Theologie zu sein, die nach den Erfahrungen des 20. Jh. vor einer völligen Leere stand, was in Versuchen der Befreiungstheologie und Beschreibungen Christi als Sozialrevolutionär oder in verschiedenen Ausrufen über den „Tod Gottes" deutlich wurde, die nach der Shoa von der protestantischen und jüdischen Theologie vorgeschlagen wurden.

Die Barmherzigkeit in der Theologie

In der Göttlichen Offenbarung, die in der Heiligen Schrift enthalten ist, wird die Barmherzigkeit als besonderes Merkmal Gottes beschrieben. Sie beschreibt die Beziehung des Schöpfers zur Schöpfung und zeigt dabei, dass Mitleid und Vergebung die Grundlage für das Wohlwollen eines Geschöpfs gegenüber eines anderen sind. In der Bedeutungsvielfalt sind Mitleid und Wohlwollen als erste zu nennen (hebr. *rahamim*, lat. *misericordia*), was die häufig in der Bibel vorkommenden Synonyme unterstreichen: Wohl, Güte, Liebe (Gen 43,30; 1 Kön 3,26). Barmherzigkeit wird auch als Vergebung verstanden (hebr. *hesed*, griech. *éleos*, lat. *pietas*). Sie beschreibt die Beziehung zwischen zwei Wesen – Gott und dem Menschen – und bedeutet ebenfalls Treue.

Der vom Heiligen Geist inspirierte Autor drückte durch die Barmherzigkeit nicht nur Wohlwollen und Mitleid aus, sondern vor allem die Einstellung sich Gutes zu schenken, gegenseitige Verpflichtungen einzugehen und treu zu sein. Der

DIE APOSTEL DER GÖTTLICHEN BARMHERZIGKEIT

„barmherzige und gnädige Gott" (Ex 34,6) hilft in Not, vergibt Sünden, vergisst Beleidigungen und ermuntert zur Bekehrung. Der einzige Gott Jahwe offenbarte sich Moses als Gott der Barmherzigkeit: „Jahwe ist ein barmherziger und gnädiger Gott, langmütig, reich an Huld und Treue: Er bewahrt Tausenden Huld, nimmt Schuld, Frevel und Sünde weg, lässt aber (den Sünder) nicht ungestraft..." (Ex 34 6,7). Auf diese Weise drückt Gott seine Liebe zum Menschen aus und verpflichtet ihn zur Lebenshaltung im Sinne der Barmherzigkeit.

Ein besonderer Ort der Offenbarung der Göttlichen Barmherzigkeit in der Heiligen Schrift sind die Psalmen, die entweder direkt von der Barmherzigkeit sprechen oder die Synonyme Güte, Geduld oder Gnade (Ps 23,6; 25,10; 33,18; 111; 119) verwenden, um die große Liebe Gottes zum Menschen zu unterstreichen. Da Gott seine Barmherzigkeit bekundet, erwartet er vom Menschen, dass dieser die Göttliche Barmherzigkeit verehrt, indem er eine Lebenshaltung voller Vertrauen annimmt und die Werke der Barmherzigkeit erfüllt.

Vollends wurde die Göttliche Barmherzigkeit in der Fleischwerdung und der Erlösung offenbart, deren Höhepunkt der Tod und die Auferstehung Christi sind. Die Frucht der Barmherzigkeit, die wir dank des Opfers des Heilands erfahren, ist die Freiheit von der Sünde und der Frieden im Herzen: „Denn unwiderruflich sind Gnade und Berufung, die Gott gewährt. Und wie ihr einst Gott ungehorsam wart, jetzt aber infolge ihres Ungehorsams Erbarmen gefunden habt, so sind sie infolge des Erbarmens, das ihr gefunden habt, ungehorsam geworden, damit jetzt auch sie Erbarmen finden. Gott hat alle in den Ungehorsam eingeschlossen, um sich aller zu erbarmen" (Röm 11, 29-32). Die Qualen auf dem Kreuz und der Tod Christi zeigen, wie sehr Gott den Menschen liebt und wie groß die Göttliche Liebe für den Menschen ist: „Denn Gott hat die Welt so sehr geliebt, dass er seinen einzigen Sohn hingab, damit jeder, der an ihn glaubt, nicht zugrunde geht, sondern das ewige Leben hat" (Joh 3,16). Im Tode seines

Sohnes ist Gott dem Menschen nahe. Er gibt sich selbst, damit der Mensch an Gottes Leben teilhaben kann. Die barmherzige Liebe ist stärker als Sünde und Tod.

Herr Jesus, der in seinem Leben und seiner Lehre vorzeigte, was eine barmherzige Lebenshaltung bedeutet, erinnerte seine Jünger daran, dass die christliche Vollkommenheit darauf begründet barmherzig zu sein, „barmherzig, wie es auch euer Vater ist" (Lk 6, 36). In den Gleichnissen vom verlorenen Schaf und der Drachme (Lk 15, 1-10), dem barmherzigen Samariter (Lk 10, 30-37) und dem verlorenen Sohn (Lk 15, 11-32) zeigte er die Wahrheit über Gott, den Vater der Barmherzigkeit.

Das Geheimnis der Göttlichen Barmherzigkeit wurde dank der Mission von Schwester Faustyna Kowalska (1905-1938), die Johannes Paul II. „ein Geschenk Gottes für unsere Zeit" nannte, besonders aktuell. Dieses Geheimnis hilft den in der Welt gegenwärtigen Gott zu erkennen und barmherzig gegenüber den Nächsten zu sein.

Ein Geschenk Gottes für unsere Zeit

Die hl. Schwester Faustyna Kowalska überlieferte der Welt die Wahrheit über die Liebe Gottes zum Menschen in sehr einfachen Worten und rief zum völligen Vertrauen auf, gemäß dem Aufruf „Jesus, ich vertraue auf Dich!" Obwohl sie keine theologische Ausbildung besaß, versuchte sie ihrem inneren Aufruf Jesu folgend über die Göttliche Barmherzigkeit zu „schreiben" und zu „reden". Sie erlebte es als ungemein schwierig die Größe der Liebe Gottes auszudrücken, die sich dem Menschen als Barmherzigkeit offenbart. Und dennoch überrascht die Sprache dieser einfachen Nonne durch ihre Vielfalt und die dichterische Qualität der Formulierungen, die sie suchte, um die Unendlichkeit und Unbegrenztheit der Barmherzigkeit zu beschreiben. Diese umfasst alle Menschen, vor allem die Sünder, und gibt den schwachen Menschen die freudvolle Kraft der Hoffnung. Sie kommt aus dem Göttlichen Dasein selbst, das die Liebe ist, und quillt wie das Wasser aus einer Quelle, die niemals versiegt. Sie erfasst jeden Menschen mit einer sanften Liebe.

Zur Grundlage für das Reden und Schreiben über die Göttliche Barmherzigkeit wurde Faustyna ihre eigene Erfahrung, die aus der Reflexion über das Geheimnis des Leidens und des Todes Christi bestand. Sie berief sich auf die Erlebnisse ihrer täglichen Gedanken, der hl. Messe, der Anbetung des Allerheiligsten Sakraments oder der Beichte, die für sie immer eine Begegnung mit dem barmherzigen Gott war.

Indem sie die Göttliche Barmherzigkeit in Christus erkannte, der sie in seinem Tod und seiner Auferstehung offenbarte, berührte die hl. Faustyna das tiefste Geheimnis des dreieinigen Gottes. Sie näherte sich der Barmherzigkeit des Vaters, des Sohnes und des Heiligen Geistes. Die Apostelin der Göttlichen Barmherzigkeit überrascht durch die Klarheit ihres theologischen Ausdrucks der Göttlichen Wahrheiten, die sie durch ihre mystischen Erlebnisse erkannte. Unentwegt wiederholte sie, dass die Heilige Dreieinigkeit die Quelle der Liebe ist, die sich dem Menschen als Barmherzigkeit offenbart. Sie unterstrich die Einheit von Liebe und Barmherzigkeit, indem sie sich auf das Bild einer Blume und ihrer Frucht berief: „Die Liebe Gottes ist die Blume – und die Barmherzigkeit die Frucht" (TB 949).

Die völlige Offenbarung der Göttlichen Barmherzigkeit in der Geschichte ist für die hl. Schwester Faustyna Jesus Christus selbst, das Fleischgewordene Wort, der Sohn Gottes. Er zeigte die Liebe des barmherzigen Gottes in seinem Leiden und seinem Tod am genauesten. Zum Symbol dieser Liebe wurde das durchstochene Herz Christi. Die Barmherzigkeit Gottes wird dank des Opfertods auf dem Kreuz für den Menschen greifbar und gibt dem wirklichen Leben sowie Glück seinen Anfang. Die

---

Auf Seite 116:
So wie zu Zeiten Faustynas dienen die Schwestern der Kongregation der Muttergottes der Barmherzigkeit auch heute im Sinne der geistigen und leiblichen Werke der Barmherzigkeit.

DIE APOSTEL DER GÖTTLICHEN BARMHERZIGKEIT

Den Ruhm Gottes, der voller Barmherzigkeit ist, zu preisen, ist die Aufgabe aller Jünger Christi. Auf dem Bild ist Papst Johannes Paul II. während seines ersten Amtsjahres zu sehen, wie er auf dem Petersplatz mit den Kranken spricht.

Barmherzigkeit ist Gottes größtes Merkmal, bestimmt seine wohlwollende Einstellung gegenüber dem Menschen und ist ein unaufhörliches Wunder des Schöpfers angesichts der menschlichen Schwächen. Gott überrascht stets durch seine Großmut. Er vergibt Sünden, vergisst Schwächen, erlaubt von vorne anzufangen. Auf seine Barmherzigkeit sollte der Mensch mit grenzenlosem Vertrauen antworten.

Für Schwester Faustyna ist die Barmherzigkeit immer „das größte Merkmal" Gottes. Sie ist eine Art der Liebe, die Gott der Schöpfung zeigt. Die Liebe der Heiligen Dreieinigkeit zeigt sich nach außen als Anfang der Existenz der Welt und des Menschen. Aus Liebe schuf Gott die Welt. Die barmherzige Liebe begleitet die Schöpfung des ersten Elternpaares – Gott teilte seine Liebe, als er Adam und Eva schuf; aus Liebe schuf er sie als sein Abbild (Gen 1,27), gab ihnen Freiheit, Verstand und die Fähigkeit zu lieben. Als sich die ersten Eltern durch die Erbsünde von Gott abwandten, zeigte Gott erneut seine Barmherzigkeit und gab Hoffnung auf das Kommen des Erlösers, der den Kopf der Schlange zertreten werde" (Gen 3,14).

Vollends zeigte Gott seine Barmherzigkeit, als sein Sohn in diese Welt kam. Schwester Faustyna verdankt es der Nähe zu Jesus, dass sie das Geheimnis der Göttlichen Barmherzigkeit erkennen konnte. Sie erreichte dies durch intensives Gebet, aber auch dadurch, dass sie bereit war, Leiden auf sich zu nehmen und bis zum Ende bei Christus zu bleiben. Die Apostelin der Göttlichen Barmherzigkeit suchte mutig die Nähe zu Christus. Trotz ihrer schweren Arbeit und der vielen Aufgaben im Kloster, fand Faustyna immer die Zeit, um vor dem Allerheiligsten Sakrament zu beten oder über das Leiden Christi zu meditieren. Lange Nachtstunden verbrachte sie im Gebet und begleitete Jesus dabei im Garten Getsemani oder auf dem Berg Golgota. Sie versuchte dabei mit Christus mitzuleiden und seinen Schmerz nachzuvollziehen, als er mit seinem Vater sprach, von den Soldaten geschlagen, ausgepeitscht und mit der Dornenkrone gequält wurde. Die hl. Faustyna erlebte jede hl. Messe als Opfer und nahm daran teil, indem sie vor dem Altar ihre eigenen, kleinen Opfer brachte.

Die Mystikerin aus Krakau nannte den Barmherzigen Jesus „König der Barmherzigkeit", „barmherziger Erlöser", „barmherziger Herr", „Fleischgewordene Barmherzigkeit". Sie verehrte Gott, weil er ihr die Möglichkeit gegeben hat, das „größte Merkmal" zu erkennen und die „unbegreifliche Barmherzigkeit" der ganzen Welt zu verkünden. In ihrer inneren Erfahrung entdeckte Faustyna, dass sie die Göttliche Barmherzigkeit am besten aufnehmen, preisen und verkünden kann, wenn sie sich mit dem Herzen Jesu in seinem Leiden verbindet. Diese Erfahrung gab ihr inneren Frieden und die Sicherheit, den Willen Gottes zu tun. In der Vereinigung der Liebe mit Christus erkannte Schwester Faustyna, dass die Göttliche Barmherzigkeit den schwachen Menschen in seiner Existenz hält und ihn auf seinem irdischen Pfad stützt. Die Göttliche Barmherzigkeit erfasst die Sünder, ermuntert sie, sich auf Gott und seine Gnaden zu öffnen, indem sie die Sakramente der Taufe, Beichte und Eucharistie aufnehmen.

Die Barmherzigkeit Gottes hat in der Erfahrung Faustynas ihren Ursprung in der Heiligen Dreieinigkeit, die sich dem Menschen als unendliche, Gutes schenkende Liebe des Vaters offenbart. Sie kommt uns nahe als Liebe des Sohnes, der uns die höchste Göttliche Barmherzigkeit in seinem Leiden, seinem Tod und seiner

DIE APOSTEL DER GÖTTLICHEN BARMHERZIGKEIT

Auferstehung zeigt, die in den Sakramenten der Beichte und Eucharistie zugänglich wird. Die Barmherzigkeit des Heiligen Geistes erhellt den Verstand und entzündet das Herz, damit der Mensch in den alltäglichen Ereignissen die Anwesenheit der Güte Gottes sehen kann. Schwester Faustyna erkannte „das größte Merkmal" Gottes, erfuhr in ihrem Herzen die Größe der Göttlichen Barmherzigkeit und verkündete sie durch die Werke der Barmherzigkeit sowie durch das Gebet, in dem sie um die Göttliche Barmherzigkeit für ihre Nächsten und die ganze Welt bat.

In der Botschaft Christi an Schwester Faustyna sticht besonders das Versprechen hervor, dass sie „auf ewig" die Zeugin der Göttlichen Barmherzigkeit sein und diese durch ihre Person verkünden wird. Diesem Versprechen folgt ein weiteres, nämlich dass durch sie „die Strahlen der Barmherzigkeit auf die ganze Welt herabkommen" werden, d.h. dass Faustyna besonders um die Göttliche Barmherzigkeit flehen wird. Dies war als Apostelin der Göttlichen Barmherzigkeit – neben dem Schreiben und Reden über die Barmherzigkeit – auch ihre wichtigste Aufgabe. An sie richtete Herr Jesus die Bitte, den Sündern auf dem Weg zur Erlösung zu helfen.

Herr Jesus rief Faustyna auch dazu auf, gegenüber ihren Nächsten barmherzig zu sein. Dazu gab er drei Möglichkeiten an: „Erstens – die Tat; zweitens – das Wort; drittens – das Gebet. In diesen drei Stufen ist die Fülle der Barmherzigkeit enthalten; sie ist ein unumstößlicher Beweis der Liebe zu Mir" (TB 742). Ohne die Werke der Barmherzigkeit wären das Preisen des Abbilds oder das Fest der Barmherzigkeit sinnlos.

Die Erfahrung der Göttlichen Barmherzigkeit bedeutete für die hl. Schwester Faustyna das Geheimnis der Barmherzigkeit zu erkennen und jene Lebenshaltung anzunehmen, die aus dieser Erkenntnis fließt. Dies bedeutete wie ein Kind auf Gott zu vertrauen und das Leben gemäß der Barmherzigkeit auszurichten. Es bedeutete aber auch, der Welt diese Wahrheit mitzuteilen und um Barmherzigkeit für die Welt zu beten. Schwester Faustyna nahm eine der Botschaft der Barmherzigkeit entsprechende Lebensführung an und teilte darum die Verbreitung der Gnaden, die vom Barmherzigen Jesus ausgehen. Ihre apostolische Tätigkeit resultiert aus der Gemeinschaft der Heiligen und dem Versprechen Jesu, dass ihre Mission nach ihrem Tod nicht enden werde. Die hl. Faustyna fasziniert durch ihre Schlichtheit sowie ihren demütigen, ganz nach der Barmherzigkeit ausgerichteten Lebensstil. Sie ermuntert dazu, Gott völlig zu vertrauen und seine Mission zu erfüllen.

Die Barmherzigkeit Gottes in Seinen Werken

Neben der hl. Schwester Faustyna gilt es auch den seligen Priester Michał Sopoćko zu beachten, der den größten Einfluss auf die Entwicklung des Seelenle-

Das schwarze Schaf, das hier 2004 von Bischof Wojciech Polak getragen wurde (heute ist Polak Primas von Polen), symbolisiert den Sünder, der jedoch stets auf die Barmherzigkeit Gottes hoffen darf.

Barmherzigkeit verbindet die Menschen und öffnet sie einander

bens von Faustyna und ihre Annahme der Botschaft der Göttlichen Barmherzigkeit hatte. Dieser Professor der Theologie, Beichtvater und Seelsorger der zukünftigen Heiligen stand mutig an der Seite der einfachen, bescheidenen und unscheinbaren Nonne, lauschte der Stimme Gottes und entwickelte sich selbst zu einem Jünger des Barmherzigen Jesu. Der Dienst gegenüber der Barmherzigkeit Gottes wurde zum entscheidenden Erlebnis in seinem Leben, der ihn sowohl als Priester als auch als Theologen formte.

Die Ansicht, dass die Göttliche Barmherzigkeit das größte Zeichen der Macht und Güte Gottes sei, formulierte sich in der Theologie zu der Zeit als Schwester Faustyna lebte und wirkte. Sie wurde von Michał Sopoćko im Buch „Die Barmherzigkeit Gottes in Seinen Werken" zusammengefasst, das 1959 in London veröffentlicht wurde. Darin beschreibt Sopoćko die Natur Gottes und seine Eigenschaften, nämlich die Einfachheit (im Sinne der Vollendung), die Unendlichkeit, die Ewigkeit und die Unveränderlichkeit. Diese Eigenschaften werden auch als Tugenden bezeichnet und sie charakterisieren die Beziehung Gottes zum Menschen. Die Güte Gottes gibt dem Menschen ungeachtet der Umstände Gutes. Die Vorsehung bedeutet, dass Gott über den Menschen wacht, sodass dieser mit Hilfe der empfangenen Güte das von Gott vorgesehene Ziel erreichen kann. Die Gerechtigkeit Gottes manifestiert sich darin, dass jeder jene Güte erhält, die von Gott gewollt war. Die Barmherzigkeit dagegen bedeutet, dass Gott dem Menschen Gutes gibt, damit dieser seine Schwächen und Mängel besiegen kann. Die Barmherzigkeit ist die Vollkommenheit Gottes „aus der wie aus einer Quelle all dies quillt, was uns im Leben widerfährt, und in der Gott in alle Ewigkeit gepriesen werden möchte," wie Sopoćko schrieb.

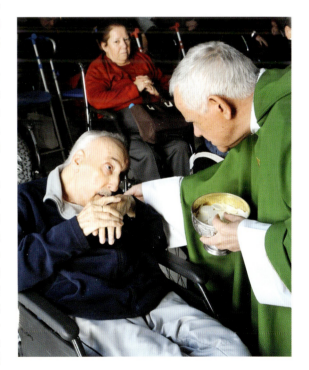

Ein Priester aus dem Orden der Barmherzigen Brüder im spanischen Heiligtum des hl. Johannes Grande in Jerez spendet einem Kranken die hl. Kommunion. Die Brüder leiten auch ein Seniorenheim.

Der Seelsorger Faustynas unterstrich, dass die Göttliche Barmherzigkeit der Anfang aller Schöpfung ist und wies darauf hin, dass Gott in die Menschheitsgeschichte trat, um aus dem Bösen Gutes zu leiten. Gott hat Gefallen daran übernatürliches Gutes zu tun, dass größer ist als die ganze Schöpfung zusammen. Der hl. Augustinus und der hl. Thomas von Aquin behaupteten, es sei für Gott eine ruhmreichere Tat aus einem Sünder einen gerechten Menschen zu machen, als Himmel und Erde zu schaffen. Als Ausdruck der Göttlichen Liebe und Allmacht kann die Göttliche Barmherzigkeit aus der größten Undankbarkeit sowie der schwersten Sünde die tiefste Reue und Liebe herausleiten. Ohne den Zustand der heiligmachenden Gnade kann der Mensch selbst weder seine Freundschaft zu Gott wiederherstellen, noch an der Natur Gottes teilhaben. Die Abkehr vom Schöpfer durch die Sünde bedeutet eine Abkehr von der Quelle des Lebens, der Liebe und der Heiligkeit sowie eine Zuwendung zum Bösen, das der Ursprung alles menschlichen Unglücks ist.

DIE APOSTEL DER GÖTTLICHEN BARMHERZIGKEIT

Den Begriff der Barmherzigkeit verstand Michał Sopoćko (so wie auch die Heiligen Augustinus und Thomas von Aquin) als Mitleid gegenüber dem menschlichen Unglück sowie als Tat, die dem Leidenden Linderung bringen soll. Darin unterscheidet er zwei verschiedene Dimensionen: „die geistige Rührung, also die Leidenschaft (*passio*)" und „die moralische Tugend". Die Barmherzigkeit im Sinne der Rührung oder des Bewegt-Seins ist ein Reflex der menschlichen Psyche, ein Gefühl des Mitleids aufgrund eines anderen Menschen Unglücks. Dieses rationale Mitleid, durch das man getrieben ist zu helfen, kennt nur der Mensch als moralische Tugend. Beim Christen entspringt die Barmherzigkeit der Nächstenliebe und ist ein Ausdruck des freien Willens. Sie manifestiert sich in jenen Taten, die nicht nur unseren Nächsten, sondern auch unseren Feinden gelten.

Die Barmherzigkeit ist eine besondere Form der Liebe Gottes zum Menschen, der gesündigt hat und dessen Folgen in seiner eigenen, schwachen Natur erkennen kann. Das Werk Christi als Ausdruck der Göttlichen Barmherzigkeit bezieht sich vor allem auf den sündigen Menschen, der durch die Erbsünde die ursprüngliche Würde eines Gotteskindes verloren hat. Der Mensch wurde nach dem „Abbild Gottes" geschaffen (Gen 1,28) und freute sich an der Nähe des Schöpfers sowie der Teilnahme am Leben Gottes und der Freiheit ohne menschliche Begrenzungen, was sich an der inneren Harmonie und dem Unterordnen der Göttlichen Liebe zeigte. Die Erbsünde führte zum Verlust der heiligmachenden Gnade, also der Freundschaft mit Gott, und manifestierte sich in der unaufhörlichen Tendenz zum Bösen sowie dem Verlust der ursprünglichen „Gerechtigkeit und Heiligkeit". Dies spiegelt sich sowohl im Fehlen der Freundschaft Gottes als auch in der falschen Ausrichtung des freien Willens wieder.

In seinem Buch „Die Barmherzigkeit Gottes in Seinen Werken" zeigte Prof. Sopoćko, wie sich die Wahrheit über die Göttliche Barmherzigkeit im verborgenen Leben und den öffentlichen Auftritten Jesu realisierte: in der Verkündigung und seiner Geburt, in der Auswahl der Apostel, in der Einstellung gegenüber den Sündern, den Kranken, den Blinden, den Aussätzigen, den Tauben, den Besessenen und den Toten, in der Herrschaft über die Elemente, in der Erneuerung der Familie, im Gebot der Liebe für den Feind. „Herr Jesus versteckte die Göttliche Barmherzigkeit nicht vor der Welt," schrieb Sopoćko. „Er offenbarte sie im Geheimnis der Fleischwerdung (...) und zeigte sie im Geheimnis der Erlösung ganz deutlich, als er auf dem Kreuz für die Sünden der ganzen Welt starb."

Die apostolische Mission die Göttliche Barmherzigkeit zu verkünden

Die Pflicht die Göttliche Barmherzigkeit zu verkünden ist das grundlegende Ausmaß jener Mission, die Christus durch die Apostel der Welt mitgegeben hat. Diese Mission ist eine Fortsetzung der Tradition der Propheten aus dem Alten Testament sowie eine treue Erfüllung der Botschaft Christi, die darin besteht, dem Menschen Gott zu zeigen, den Vater der Barmherzigkeit.

Im Neuen Testament werden die Jünger Christi, die von ihm selbst zum Verkünden der Frohen Botschaft erkoren wurde, als Apostel (griech. *apostolos*, vom Verb *apostello* – senden; eine Person die jemanden repräsentiert, in dessen Namen auftritt, Mt 10,2) bezeichnet. Der hl. Paulus bezeichnet sich selbst als „Apostel der

Auf Seite 123: Portrait des seligen Michał Sopoćko im Kloster der Kongregation der Muttergottes der Barmherzigkeit in Łagiewniki.

Barmherzigkeit verbindet die Menschen und öffnet sie einander

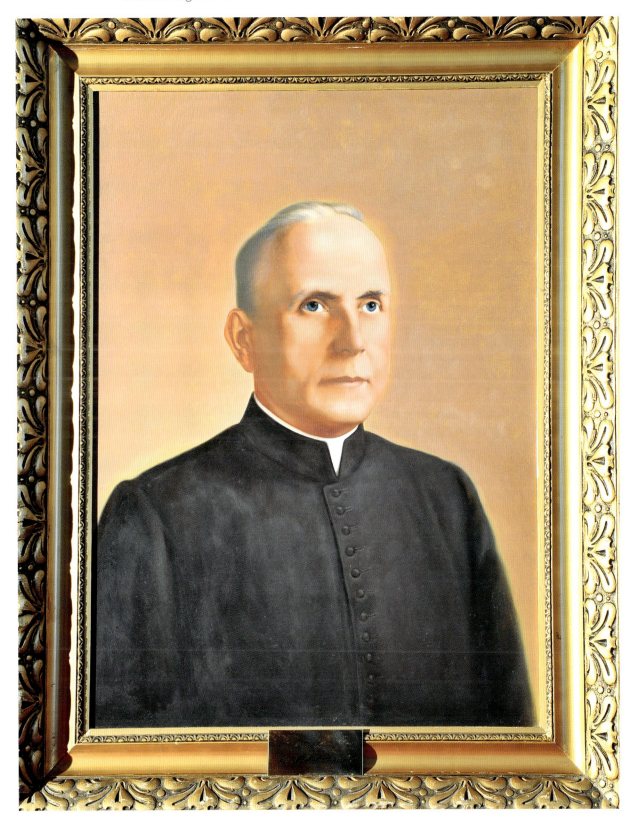

DIE APOSTEL DER GÖTTLICHEN BARMHERZIGKEI

Während der Generalaudienzen und aller sonstigen Feierlichkeiten im Vatikan steht für die Kranken ein spezieller Sektor in der Nähe des Papsts bereit. Von Johannes Paul II. erhielten sie stets viel Liebe und Barmherzigkeit. Gegen Ende seines Pontifikats musste der Heilige Vater dann selbst viel Leid erfahren.

Heiden" (Röm 11,13). Der Begriff Apostel bezeichnet auch die Schüler des hl. Paulus, Timotheus (1 Thess 2,7) und Barnabas (1 Kor 9,6). Die Aufgabe der Apostel bestand im Verkünden des Evangeliums und der Austreibung der bösen Geister (Mk 6,3.14), dem Sprechen im Namen Christi (Mk 6, 6-13), dem Verteilen von Brot in der Wüste (Mt 14,19). Nach der Auferstehung Christi bezeugten die Apostel, dass der auferstandene Christus derselbe ist, den sie gekannt haben, als er auf der Welt war und Wunder vollbrachte (Apg 1,8.21). Im Zentrum dieser Lehre befindet sich die Wahrheit über Jesus Christus, den Sohn Gottes, der auf die Welt kam, um die Liebe des Vaters zum Menschen zu offenbaren.

Heute tragen die Bischöfe als Nachfolger der Zwölf die Bezeichnung Apostel. An ihrer apostolischen Macht haben die Priester und Diakone teil, die im Moment der Weihe den Auftrag bekommen, die Frohe Botschaft zu verkünden. An dieser apostolischen Mission nehmen im Sinne des allgemeinen Priestertums auch alle Jünger Christi teil.

Der hl. Johannes Paul II.

Papst Benedikt XVI. nannte Johannes Paul II. während des Gebets „Regina caeli" am 30. März 2008 einen Apostel der Göttlichen Barmherzigkeit. Dieser Titel tauchte aber auch schon früher auf, besonders nach der Veröffentlichung der Enzyklika *Dives in misericordia*. Besonders an Bedeutung gewann er aber nach der Festsetzung des Sonntags der Barmherzigkeit und der Heiligsprechung Faustynas, die von Jesus selbst Apostelin der Göttlichen Barmherzigkeit genannt worden war.

Barmherzigkeit verbindet die Menschen und öffnet sie einander

Noch deutlicher wurde die apostolische Mission der Göttlichen Barmherzigkeit, als Johannes Paul II. 2002 in Łagiewniki die Kirche und die Welt der Göttlichen Barmherzigkeit anvertraute.

Die Wahrheit über die Göttliche Barmherzigkeit ist eines der zentralen Motive des Pontifikats von Johannes Paul II. Sie zeigte sich bereits an dessen Anfang und umfasst seine ganze Lehre. Der Papst sprach zu seinen Zeitgenossen über Gott, der sich dem Menschen als Heilige Dreieinigkeit zeigt, also als Vater, Sohn und Heiliger Geist. Die Barmherzigkeit ist der Schlüssel, um das Geheimnis Gottes und des Menschen zu verstehen. Es ist charakteristisch für Gott, der sich dem Menschen in der Heilsgeschichte offenbart. Sie ist das Hauptthema der Lehre Christi und zeigt sich vollends im Heilsgeheimnis, im Tod und der Auferstehung Christi. Die Barmherzigkeit ist gleichzeitig eine besondere Chance für den Menschen, denn dank ihr kann er die Nähe Gottes erfahren, der barmherzig ist.

Während der Seligsprechung Faustynas unterstrich Johannes Paul II., dass das Geheimnis der Göttlichen Barmherzigkeit, an die Gott die Welt durch die einfache Nonne aus Polen erinnerte, ein „prophetisches Rufen an die Welt" ist. Für die durch die vielen Kriege ermattete und verletzte Menschheit wurde die Botschaft der Barmherzigkeit zum Zeichen der Hoffnung, die auf einen liebenden Gott hinwies und eine geistige Erneuerung des Menschen in Aussicht stellte.

Die Heiligsprechung der Apostelin der Göttlichen Barmherzigkeit hatte eine besondere Bedeutung, da Johannes Paul II. durch diesen feierlichen Akt die Botschaft der Göttlichen Barmherzigkeit der ganzen Welt als Brücke überreichte, die

So wie andere Bischöfe und Priester, wusch auch Papst Johannes Paul II. während der Gründonnerstagsliturgie zwölf Männern die Füße. Diese Nachahmung der Taten Christi symbolisiert Nächstenliebe und Opferbereitschaft.

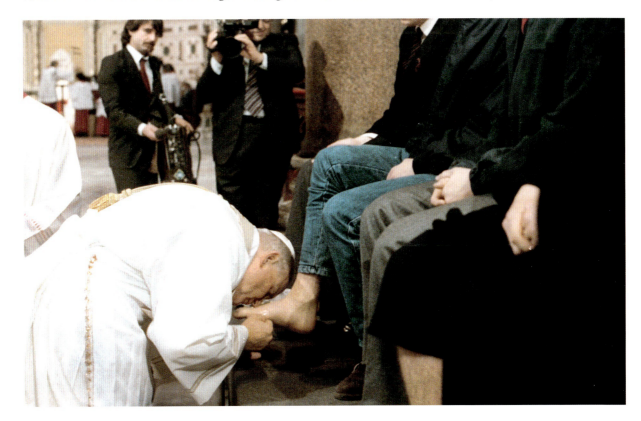

das zweite christliche Jahrtausend mit dem neuen Millennium verband. Er erinnerte gleichzeitig daran, dass die Göttliche Barmherzigkeit eine einzigartige Chance für die Menschheit auf eine geistige Erneuerung ist, dass „die Menschheit keinen Frieden finden wird, solange sie sich nicht an die Göttliche Barmherzigkeit wendet." Die Botschaft der Barmherzigkeit erlaubt es, das Evangelium der Göttlichen Barmherzigkeit neu zu lesen, wobei der Mensch nicht nur Barmherzigkeit von Gott empfangen, sondern sie auch mit seinen Mitmenschen teilen kann. Johannes Paul II. machte deutlich, dass die seit jeher von der Kirche verkündete und von der hl. Faustyna erneut in Erinnerung gerufene Botschaft der Göttlichen Barmherzigkeit heute eine wichtige Erfahrung für den Menschen wird, der an der Schwelle vom 20. zum 21. Jh., inmitten vieler ideologischer und philosophischer Strömungen, völlig verloren ist. Im Geheimnis der Göttlichen Barmherzigkeit findet der Christenmensch das wahre Antlitz Gottes, der dem Menschen nahe ist, sowie das wahre Antlitz des Menschen, der die Barmherzigkeit braucht und bereit ist, selbst barmherzig zu sein. Der Heilige Vater griff diesen Gedanken immer wieder auf, wenn er sich mit der „Theologie des Todes Gottes" auseinandersetzte oder wenn er auf die Fehlschlüsse der modernen Totalitarismen hinwies, die Gott aus der Menschheitsgeschichte verbannen wollen.

Als Johannes Paul II. den Sonntag der Göttlichen Barmherzigkeit bestimmte, betonte er, dass die Barmherzigkeit die Chance ist, „das wahre Antlitz Gottes und das wahre Antlitz des Menschen" zu erkennen. Gleichzeitig erinnert sie die Welt an die Würde und den Wert eines jeden Menschen, für den Christus sein Leben gegeben hat.

Das Thema der Göttlichen Barmherzigkeit wird auch im Apostolischen Schreiben *Novo millennio ineunte* aufgegriffen, das am Beginn des dritten christlichen Jahrtausends, am 6. Januar 2001, veröffentlicht wurde. Johannes Paul II. schrieb darin über die Vorstellung der Barmherzigkeit im Kontext des sich einenden Europas. Dieser Sachverhalt war auch schon zwei Jahre früher, im Oktober 1999, Gegenstand der Diskussion während der Bischofssynode. Daraus resultierte das nachsynodale Apostolische Schreiben *Ecclesia in Europa* (28. Juni 2003).

Das Verkünden der Wahrheit über die Göttliche Barmherzigkeit ist das zentrale Element jener Mission, die Christus seinen Jüngern aufgetragen hat, was auch Johannes Paul II. immer wieder unterstrichen hat. Darin ist enthalten, dass man seinen Glauben an den barmherzigen Gott bekennt, Gott, der voller Barmherzigkeit ist, preist, sowie mutig und hoffnungsvoll in die Zukunft blickt. Dies geschieht durch das Verkünden der Göttlichen Barmherzigkeit im Wortgottesdienst sowie die Sakramente der Eucharistie und Beichte, die die Quelle der Barmherzigkeit sind. Wenn der Mensch seine Schwäche zugibt, öffnet ihn die Erfahrung der Göttlichen Barmherzigkeit auf seine Mitmenschen, mit der er die Barmherzigkeit teilen kann. Das bringt dieselben Früchte wie die Hilfe, die man einem bedürftigen Menschen erteilt.

In der Enzyklika *Dives in misericordia* weist der hl. Johannes Paul II. auf die Hauptaufgaben der apostolischen Mission der Kirche hin: „Die Kirche muss für das Erbarmen Gottes, das Christus in seiner gesamten messianischen Sendung offenbart hat, Zeugnis ablegen, indem sie es zunächst als heilbringende Glaubens-

Auf Seite 127: „Die Kranken besuchen" – dieses Werk der Barmherzigkeit erfüllte der hl. Johannes Paul II. sein ganzes Pontifikat hindurch, auch auf seinen Auslandspilgerreisen. Auch als er selbst Patient war, spendete er anderen Kranken in der Gemelli-Klinik Trost.

Barmherzigkeit verbindet die Menschen und öffnet sie einander

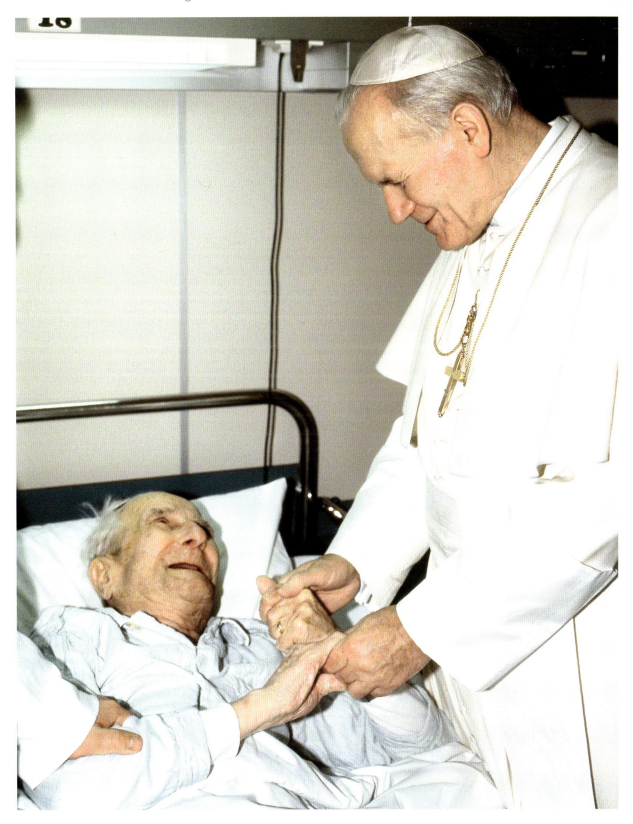

DIE APOSTEL DER GÖTTLICHEN BARMHERZIGKEIT

Am 4. Oktober 2009 wurde im Krakauer Heiligtum der Göttlichen Barmherzigkeit eine feierliche hl. Messe gelesen, bei der Kard. Stanisław Dziwisz die Homilie sprach. Dies war gleichzeitig das Ende der Feierlichkeiten zum 800. Jubiläum der Franziskaner, die bereits seit Jahrhunderten in den bedürftigsten Menschen das Antlitz Christi sehen.

wahrheit bekennt, die zugleich für ein Leben notwendig ist, das mit dem Glauben übereinstimmen soll, und dann sucht, dieses Erbarmen sowohl in das Leben ihrer Gläubigen als auch nach Möglichkeit in das aller Menschen guten Willens einzuführen und dort Fleisch werden zu lassen. Schließlich hat die Kirche, indem sie dieses Erbarmen bekennt und ihm allzeit treu bleibt, das Recht und die Pflicht, sich auf das Erbarmen Gottes zu berufen und es angesichts aller Erscheinungsformen von physischem und moralischem Übel, angesichts aller Bedrohungen, die über dem gesamten Horizont des Lebens der heutigen Menschheit lasten, zu ergehen" (DM, 12). Die apostolische Mission drückt sich laut Johannes Paul II. in dem Verkünden jener Wahrheit aus, dass Gott die Barmherzigkeit ist und der barmherzige Gott gepriesen werden muss. Die zweite Aufgabe der Kirche, also der Schüler Christi, besteht darin, in den eigenen Werken barmherzig zu sein. Die dritte Aufgabe ist das Gebet um die Barmherzigkeit. Ausgangspunkt dieser apostolischen Tätigkeit ist allerdings das Glaubensbekenntnis an einen barmherzigen Gott. Andernfalls werden die Werke der Barmherzigkeit zur bloßen Philanthropie, die auch von einem Atheisten praktiziert werden kann.

Das grundlegende Umfeld, in dem die Göttliche Barmherzigkeit bezeugt werden sollte, sind die Liturgie die Kirche, die Lesungen und Gebete, worin man das Echo der evangelischen Wahrheit hört. Daraus folgt die Erfahrung des Gottesvolks, das die Erkenntnis des barmherzigen Gottes im Alltag bezeugt: „Wenn einige Theologen sagen, dass das Erbarmen unter den Attributen und Vollkommenheiten Gottes das wichtigste ist, so liefern dafür die Bibel, die Tradition und das ganze Glaubensleben des Volkes Gottes ihre besonderen Zeugnisse. Es handelt sich hierbei nicht um die Vollkommenheit des unerforschlichen Wesens Gottes im Geheimnis der Gottheit als solcher, sondern um die Vollkommenheit und das Attribut, durch das der Mensch in der tiefsten Wahrheit seiner Existenz dem lebendigen Gott besonders oft und nahe begegnet" (DM, 13).

Das Treffen mit dem barmherzigen Gott ist die erste Glaubenserfahrung eines Christen, das Johannes Paul II. mit dem „Sehen des Vaters" vergleicht, was Jesus im Gespräch mit Philippus thematisiert (Joh 14,9 ff.). Gott durch den Glauben zu sehen, realisiert sich besonders im Erlebnis der barmherzigen Liebe des Vaters, die an das Gleichnis des verlorenen Sohnes erinnert. Diese Erfahrung stellt die Kirche in das Zentrum ihrer Lehre (DM, 13), denn es ist der Schlüssel, um den in Christus offenbarten Gott und die Würde des nach dem Abbild Gottes geschaffenen Mitmenschen zu erkennen: „Wer mich gesehen hat, hat den Vater gesehen" (Joh 14,9). Über den Barmherzigen Jesus zu meditieren, bedeutet eine Annäherung an Gott, dessen Natur die Barmherzigkeit ist.

Das Bekennen und Verkünden der Göttlichen Barmherzigkeit geschieht dann, wenn die Kirche das Wort Gottes spricht und den Menschen zu den Quellen der Barmherzigkeit führt, nämlich zur Eucharistie und Beichte (DM, 13). Diese Sakramente sind eine Gabe des gekreuzigten und auferstandenen Jesu, der durch seinen Tod und seine Auferstehung die Barmherzigkeit des Vaters vollends offenbarte. Johannes Paul II. erinnert daran, dass die Eucharistie die Quelle der unendlichen Liebe Gottes ist: „Die Eucharistie nähert uns ja immer mehr jener Liebe, die mächtiger ist als der Tod: Sooft wir von diesem Brot essen und aus diesem Kelch trinken, ver-

DIE APOSTEL DER GÖTTLICHEN BARMHERZIGKEIT

Die Botschaft der Göttlichen Barmherzigkeit spricht vor allem die jungen Menschen an. Auf den Feldern von Lednica findet auf Initiative des 2015 verstorbenen Jan Góra OP seit 1997 jährlich ein groß angelegtes Treffen der katholischen Jugend statt. Pater Góra lud 2012 die Nonnen der Kongregation der Muttergottes der Barmherzigkeit ein und bestimmte Schwester Faustyna zur Patronin der Veranstaltung.

künden wir nicht nur den Tod des Erlösers, sondern auch seine Auferstehung, bis er kommt in Herrlichkeit" (DM, 13). Die erste Aufgabe eines Christen ist also die Teilnahme am Sakrament der Eucharistie. Schon allein das Eucharistieritual vergegenwärtigt das Leiden, den Tod und die Auferstehung Christi und zeigt die unendliche Liebe Gottes, der seinen einzigen Sohn hingab, um die Welt zu erlösen (Joh 3,16).

Den Weg zum Treffen mit Gott in der Eucharistie ebnet das Sakrament der Beichte. „In diesem Sakrament kann jeder Mensch auf einzigartige Weise das Erbarmen erfahren, das heißt die Liebe, die mächtiger ist als die Sünde," schreibt Johannes Paul II. (DM, 13). In Anbetracht der Sünde zeigt sich vollends die Unendlichkeit der Göttlichen Barmherzigkeit. „Das Erbarmen als solches ist als Vollkommenheit des unendlichen Gottes auch selbst unendlich. Unendlich und unerschöpflich ist daher die Bereitschaft des Vaters, die verlorenen Söhne aufzunehmen, die zu seinem Hause zurückkehren. Unendlich sind die Bereitschaft und die Macht der Vergebung, die unablässig aus dem wunderbaren Wert des Opfers des Sohnes hervorgehen. Keine menschliche Sünde kann diese Macht bezwingen oder auch nur einschränken. Von Seiten des Menschen kann sie nur der Mangel an gutem Willen, der Mangel an Bereitschaft zur Bekehrung und zur Buße, also die hartnäckige Verstockung einschränken, die sich der Gnade und der Wahrheit widersetzt, besonders vor dem Zeugnis des Kreuzes und der Auferstehung Christi" (DM, 13). Die apostolische Aufgabe der Kirche im Bereich des Beichtsakraments besteht darin, die Bekehrung zu verkünden sowie den vergebenden und gnädigen Gott zu zeigen. Die Christen nehmen also alle Anstrengungen auf sich, um sich dem Beichtsakrament zu nähern und sich gegenseitig zu vergeben, sodass alle Menschen das Antlitz des vergebenden Gottes sehen können. Aus der liebenden Barmherzigkeit der Eucharistie und der Beichte entsteht eine Einheit, die nicht nur die Christen erfasst, sondern alle Völker.

Durch die Werke der Göttlichen Barmherzigkeit zeigt der Mensch, dass er nicht nur selbst der Barmherzigkeit bedarf, sondern sie auch mit seinen Mitmenschen teilen kann (DM, 14). Indem der Christ die Werke der Barmherzigkeit erfüllt, findet er in sich die Fähigkeit Liebe zu teilen. Johannes Paul II. betont, dass der Mensch die liebende Barmherzigkeit Gottes erkennen kann, wenn er selbst barmherzig gegenüber seinen Nächsten ist.

Die barmherzige Liebe ist eine einende Kraft, welche die menschlichen Beziehungen auf eine andere Stufe hebt und sowohl den Gebenden als auch den Beschenkten verändert. Das Vorbild dieser Liebe ist der gekreuzigte Christus, der sich grenzenlos und bis zum Tod hingegeben hat (Mt 25, 34-40): „Selbst dort, wo allem Anschein nach nur ein Teil gibt und hingibt und der andere nur empfängt und nimmt (z.B. im Fall des Arztes, der behandelt; des Lehrers, der unterrichtet; der Eltern, die die Kinder ernähren und erziehen; des Wohltäters, der die Bedürftigen unterstützt), wird tatsächlich auch der Geber immer zum Beschenkten" (DM, 14). Mit Christus als Vorbild sollte der Christ seine Werke der Barmherzigkeit immer rein halten, sodass sie von der selbstlosen Liebe inspiriert werden. Nur dann sind sie nämlich ein Akt der Barmherzigkeit, der uns Gott öffnet und die wahre Würde des Menschen enthüllt, der fähig ist, Liebe zu teilen.

In Lednica findet die Beichte auf den Feldern und unter freiem Himmel statt, nicht in Beichtstühlen. Trotzdem kommen die jungen Gläubigen in Scharen und öffnen sich somit dem Wirken der Göttlichen Barmherzigkeit.

DIE APOSTEL DER GÖTTLICHEN BARMHERZIGKEIT

Der Weg der selbstlosen Liebe, die uns Christus auf dem Kreuz gezeigt hat, ist also keine Einbahnstraße, sondern bedarf der Gegenseitigkeit zwischen Gott und dem Menschen. Die barmherzige Liebe gleicht auch den Unterschied zwischen dem Gebenden und dem Beschenkten aus. Deswegen ist die Barmherzigkeit laut Johannes Paul II. auch die Ergänzung der Gerechtigkeit: „Das wahrhaft christliche Erbarmen ist in gewisser Hinsicht auch die vollkommenste Inkarnation der Gleichheit unter den Menschen und daher auch die vollkommenste Inkarnation der Gerechtigkeit, insofern auch diese in ihrem Bereich das gleiche Ergebnis anstrebt" (DM, 14). Die Barmherzigkeit ist ein wichtiges Element der zwischenmenschlichen Beziehungen und hilft die Würde des Menschen zu wahren sowie seine Fähigkeit Gutes zu tun aufzuzeigen.

Die apostolische Mission der Barmherzigkeit muss sich im Bereich der Werke immer auf die grundlegende Erfahrung der Liebe Christi berufen, da sie ansonsten zur Philanthropie oder sozialen Gerechtigkeit wird: „Die Kirche muss es daher in jedem geschichtlichen Zeitalter, aber besonders in unserem als eine ihrer wichtigsten Aufgaben betrachten, das Geheimnis des Erbarmens, das uns in Christus aufstrahlt, zu verkünden und ins Leben hineinzutragen" (DM, 14).

In der Enzyklika *Dives in misericordia* stellt Johannes Paul II. fest, dass die gegenwärtige Welt auf verschiedene Art und Weise bevorzugt ist. Der technische Fortschritt erlaubt es, die Naturgesetze zu erkennen und zu nutzen. Dank der neuen Transportmittel kann man weltweit an Veranstaltungen teilnehmen. Biologie und Medizin schaffen es, viele Krankheiten zu besiegen und die Lebensdauer beträchtlich auszudehnen. Trotz dieser bemerkenswerten Entwicklungen findet sich in der Welt aber immer noch viel Böses, was die Hoffnung der Menschheit zerstört (DM, 10). Das Herz des Menschen bekommt einen Sprung, der aus der Störung des inneren Gleichgewichts resultiert und der Unfähigkeit zwischen Gutem und Bösem zu unterscheiden. Das 20. Jh. war hierbei eine tragische Erfahrung, als zwei schreckliche Totalitarismen entstanden, die Gott ablehnten und schreckliches Leid sowie Millionen Tote brachten. Sie erschütterten auch den Glauben an einen in der Welt anwesenden Gott und die Fähigkeit des Menschen Gutes zu tun.

Der Christ kann die apostolische Aufgabe des Verkündens der Göttlichen Barmherzigkeit auf verschiedene Weise bewerkstelligen. Johannes Paul II. betonte

Eucharistiefeier vor dem Hauptaltar der Basilika in Łagiewniki.

Barmherzigkeit verbindet die Menschen und öffnet sie einander

DIE APOSTEL DER GÖTTLICHEN BARMHERZIGKEIT

aber, dass das Fundament das Bekenntnis zur Göttlichen Barmherzigkeit und dessen Verehrung sein muss. Der Papst wies auch auf die Formen dieser Verehrung hin, die Schwester Faustyna der Welt mitgeteilt hat: der Sonntag der Barmherzigkeit, die Novene zur Barmherzigkeit, der Rosenkranz zur Barmherzigkeit Gottes und die Verehrung des Abbilds des Barmherzigen Jesu.

Indem der Mensch die Barmherzigkeit Gottes verehrt, entdeckt er dessen unergründliche Tiefe und erkennt die Sünde und das Böse, das daraus resultiert. Indem er die Vergebung der Sünden im Beichtsakrament erhält, berührt er sozusagen die „ewige Liebe", die sich auf dem Kreuz offenbarte. Johannes Paul II. bemerkte, dass die Begegnung mit der Göttlichen Barmherzigkeit, der Anfang der Bekehrung und der geistigen Erneuerung sein soll. Dabei ermunterte er vor allem die Priester im Beichtsakrament treue Werkezeuge der Göttlichen Barmherzigkeit zu sein.

Johannes Paul II. stellte uns aber auch die Aufgabe barmherzig gegenüber unseren Nächsten zu sein. Aus der Erfahrung der Liebe des Barmherzigen Gottes sollte die Barmherzigkeit gegenüber den Bedürftigen entstehen. Der Papst berief sich dabei unter anderem auf die große, jahrhundertelange Tradition der Krakauer Heiligen: Bischof Stanislaus (ca. 1030-1079), Königin Hedwig (1373-1399), Jan Kanty (1390-1473), Piotr Skarga (1536-1612), Bruder Albert Chmielowski (1845-1916), Rafał Kalinowski (1835-1907), Aniela Salawa (1881-1922) und Bernardyna Jabłońska (1878-1940). Er forderte dazu auf, die „Vorstellung der Barmherzigkeit" auszubauen. Sie soll dazu dienen den Obdachlosen, Waisen, alleinerziehenden Müttern, Arbeitslosen und Süchtigen zu helfen.

Die apostolische Mission der Göttlichen Barmherzigkeit ist, wie auch Johannes Paul II. betont, zentral in den Aufgaben, die die Jünger Christi vom Herrn erhalten haben. Dank der Erfahrungen der hl. Faustyna Kowalska, die Johannes Paul II. als „Geschenk Gottes für unsere Zeit" bezeichnet hat, bekommt diese Mission eine besondere Bedeutung. Dadurch kann der barmherzige Gott, der in der Welt anwesend ist, erkannt werden und die Menschen können untereinander barmherzig sein.

Akt des Anvertrauens der Welt an die Göttliche Barmherzigkeit

Die Konsequenz des Glaubensbekenntnisses an den barmherzigen Gott ist das Gebet um die Barmherzigkeit. Die Überzeugung, dass dieses notwendig ist, ließ den Heiligen Vater Johannes Paul II. den „Akt des Anvertrauens der Welt" formulieren. Der Akt ist also die Frucht des lebendigen Glaubens des Papsts, der Reflexion über das Geheimnis der Barmherzigkeit und der großen Liebe zu jenen Menschen, die sowohl Gott als auch den Lebenssinn verloren haben.

„Wie sehr braucht die Welt doch heute die Barmherzigkeit! Auf allen Kontinenten scheint aus den Tiefen des menschlichen Leids der Ruf nach der Barmherzigkeit zu erklingen," unterstrich Johannes Paul II. 2002 während der Weihe des neuen Heiligtums in Łagiewniki. Der Papst stellte der Kirche auch die Aufgabe, der Welt das Geheimnis der Göttlichen Barmherzigkeit näherzubringen. „In diesem Heiligtum möchte ich daher heute die Welt feierlich der Barmherzigkeit Gottes anvertrauen mit dem innigen Wunsch, dass die Botschaft von der erbarmenden Liebe Gottes, die hier durch Schwester Faustyna verkündet wurde, alle Menschen

---

Auf Seite 133: Der polnische Präsident Andrzej Duda und die First Lady Agata Duda während der hl. Messe am Sonntag der Barmherzigkeit in Łagiewniki (12. April 2015, sechs Wochen vor der Präsidentschaftswahl).

Auf Seite 134: Nicht alle Jugendlichen konnten nach Brasilien fahren, deswegen wurde der Weltjugendtag auch im Krakauer Heiligtum der Göttlichen Barmherzigkeit gefeiert. Am 27. Juli 2013 wurde das Jugendtreffen „Rio in Krakau" feierlich in der Basilika eröffnet. Zu sehen sind Kopien der Weltjugendtagsymbole: das Kreuz und die Marienikone „Salus Populi Romani". Einen Tag später verkündete Papst Franziskus, dass der nächste Weltjugendtag in Krakau stattfinden wird.

DIE APOSTEL DER GÖTTLICHEN BARMHERZIGKEIT

Auf Seite 137:
Oben:
Dieses Gemälde von Jan Matejko zeigt das wichtigste Ereignis der polnischen Geschichte, die sog. Taufe Polens. Fürst Mieszko I. nahm im Jahr 966 das Christentum als Staatsreligion an, führte Polen in die christliche Welt und eröffnete somit ein völlig neues Kapitel in der polnischen Historie.

Unten:
Statuen von Mieszko I. und Boleslaus dem Tapferen, seinem Sohn, in der Goldkapelle der Kathedrale von Posen. Die beiden christlichen Herrscher stehen am Anfang der polnischen Geschichte und des polnischen Staats. Sie gaben der prächtigen, vielfältigen und jahrhundertelangen Kultur und Tradition Polens ihren Anfang. Etliche Generationen später erwuchsen daraus Schwester Faustyna und Papst Johannes Paul II.

Dieses Bildfragment aus der Heiligkreuzkapelle in der Krakauer Wawel-Kathedrale zeigt die Patrone Polens, unter anderem die Heiligen Adalbert, Stanislaus, Wenzel und Florian.

Barmherzigkeit verbindet die Menschen und öffnet sie einander

DIE APOSTEL DER GÖTTLICHEN BARMHERZIGKEIT

der Erde erreichen und ihre Herzen mit Hoffnung erfüllen möge. Jene Botschaft möge, von diesem Ort ausgehend, überall in unserer geliebten Heimat und in der Welt Verbreitung finden. Möge sich die Verheißung des Herrn Jesus Christus erfüllen: Von hier wird ein Funke hervorgehen, der die Welt auf Mein endgültiges Kommen vorbereitet" (vgl. TB, 1732). Diesen Funken der Gnade Gottes müssen wir entfachen und dieses Feuer des Erbarmens an die Welt weitergeben. Im Erbarmen Gottes wird die Welt Frieden und der Mensch Glückseligkeit finden! Euch, lieben Brüdern und Schwestern, der Kirche in Krakau und Polen und allen, die die Barmherzigkeit Gottes verehren und aus Polen und der ganzen Welt diesen Ort aufsuchen, vertraue ich diese Aufgabe an."

Das Anvertrauen der Welt an die Göttliche Barmherzigkeit ist ein Akt des Glaubens, dessen Fundament ein kindliches Vertrauen auf Gott, den barmherzigen Vater, ist, mit der Überzeugung, dass Gott den Menschen niemals verlassen wird, da er ihn unentwegt mit seiner Liebe beschenkt. Johannes Paul II. stellte sich wie Abraham, die Patriarchen, Petrus und dessen Nachfolger an die Spitze der Kirche und der Menschheit, um in ihrem Namen den Glauben an den dem Menschen durch die Barmherzigkeit nahen Gott zu bekennen. Gleichzeitig bekannte er den Glauben, dass Gott sich dem Menschen in Jesus Christus endgültig offenbart hat, der vollends gezeigt hat, worin die Barmherzigkeit des Vaters besteht – durch seine Werke, seine Lehre und vor allem durch seinen Tod sowie seine Auferstehung. Der Mensch erkennt die Barmherzigkeit Gottes durch das Handeln des Heiligen Geists.

Gebet in der Barmherzigkeitskapelle im Heiligtum der Mutter Gottes in Praszka. In der Altarmitte befindet sich das Abbild des Barmherzigen Jesu, von dem aus der rote Strahl Richtung Schwester Faustyna und der blasse Strahl Richtung Bruder Albert führt. Dies symbolisiert, dass die beiden Heiligen von der Göttlichen Barmherzigkeit erfüllt werden.

Der Akt des Anvertrauens der Welt an die Göttliche Barmherzigkeit besteht aus einer dreiteiligen Struktur, in der man folgende Elemente erkennen kann: die Anrufung an den Dreieinigen Gott, die Bitte um Gnade für die vom Bösen durchsetzte Menschheit und das Flehen um die Barmherzigkeit für die Welt.

Der Akt des Anvertrauens hat die Form einer Beziehung, die der gläubige Mensch eingeht, wenn er sich an Gott wendet. Er drückt auch die Situation des Beters und seine Glaubenserfahrung aus. Im ersten Teil des Akts bekennt Johannes Paul II. den Glauben an den barmherzigen Gott im Namen der ganzen Kirche. Die Anrufung Gottes, des barmherzigen Vaters, ist eine Zusammenfassung des christlichen Glaubens an den dem Menschen nahen Gott, der sein Antlitz im Geheimnis der Barmherzigkeit enthüllt: „Gott, barmherziger Vater, der Du Deine Liebe in Deinem Sohn Jesus Christus offenbart und über uns ausgegossen hast im Heiligen Geist, dem Tröster, Dir vertrauen wir heute die Geschicke der Welt und jedes Menschen an."

Der Mensch des 21. Jh. erlebt die Lebensleere, die Angst vor der Zukunft, dem Leiden und der Einsamkeit noch intensiver. In diesem Kontext gilt es die Worte von Johannes Paul II. im zweiten Teil des Akts zu verstehen: „Neige dich zu uns

Akt des Anvertrauens der Welt an die Göttliche Barmherzigkeit

Gott, barmherziger Vater,
der Du Deine Liebe
in Deinem Sohn Jesus Christus offenbart
und über uns ausgegossen hast im Heiligen Geist, dem
Tröster,
Dir vertrauen wir heute die Geschicke der Welt und jedes
Menschen an.

Neige dich zu uns Sündern herab,
heile unsere Schwäche,
besiege alles Böse,
hilf, dass alle Menschen der Erde
Dein Erbarmen erfahren,
und in Dir, dem dreieinigen Gott,
die Quelle der Hoffnung finden.

Ewiger Vater,
um des schmerzvollen Leidens und der Auferstehung Deines Sohnes willen,
habe Erbarmen mit uns und mit der ganzen Welt!

Amen.

Johannes Paul II., Krakau-Łagiewniki, 17. August 2002

DIE APOSTEL DER GÖTTLICHEN BARMHERZIGKEIT

Sündern herab, heile unsere Schwäche, besiege alles Böse, hilf, dass alle Menschen der Erde Dein Erbarmen erfahren, und in Dir, dem dreieinigen Gott, die Quelle der Hoffnung finden."

In diesem Gebet steht Johannes Paul II. wie Moses vor Gott, stellt alle Schwächen des Menschen dar, die die Menschheit heute quälen. Die Sünden der gegenwärtigen Generation vernichten die Menschen des 21. Jh., so wie einst die Giftschlangen in der Wüste die Israeliten bissen (Num 21, 4-9). Johannes Paul II. sammelte im Akt des Anvertrauens alle Stimmen der Verzweiflung und des Leids der ganzen Welt, um sie Gott darzustellen und um Barmherzigkeit zu bitten.

Der Akt endet mit einem Aufruf, der ein Echo des Rosenkranzes zur Barmherzigkeit Gottes bildet, jenes Gebets, das Jesus selbst der hl. Schwester Faustyna übermittelt hat: „Ewiger Vater, um des schmerzvollen Leidens und der Auferstehung Deines Sohnes willen, habe Erbarmen mit uns und mit der ganzen Welt! Amen."

Das Gebet um die Barmherzigkeit richtet sich durch den Sohn Gottes, der durch seinen Tod und seine Auferstehung der Welt die Barmherzigkeit brachte, an Gott, den Vater der Barmherzigkeit. Der Papst bemerkte die Bedürfnisse der modernen Welt und bat um Barmherzigkeit für die ganze Welt: die Barmherzigkeit ist eine große Chance jene Herzen zu erneuern, die von der Sünde befallen worden sind.

Benedikt XVI.

Papst Benedikt XVI., der Nachfolger von Johannes Paul II. auf dem Stuhl Petri, betonte in seiner Homilie am 2. April 2008 (3. Todestag von Johannes Paul II.),

Johannes Paul II. am 7. Juni 1999 in der polnischen Stadt Thorn. Weder Krankheit noch Alter konnten den Papst davon abbringen seinen Landsleuten – und auch der ganzen Welt – die Botschaft der Göttlichen Barmherzigkeit zu verkünden.

Barmherzigkeit verbindet die Menschen und öffnet sie einander

dass die Göttliche Barmherzigkeit der Schlüssel ist, um das große Pontifikat seines Vorgängers zu verstehen. Der polnische Papst wollte nämlich, dass die Botschaft der Barmherzigkeit zu allen Menschen vordringt und rief die Gläubigen deswegen dazu auf, Zeugen der Barmherzigkeit zu sein. Benedikt XVI. erinnerte daran, dass sein Vorgänger die großen Tragödien des 20. Jh. persönlich miterlebt hatte und stets überlegte, wie man die Welle des Bösen aufhalten kann. „Die Antwort konnte nur in der Liebe Gottes gefunden werden. Allein die Göttliche Barmherzigkeit ist nämlich imstande, dem Bösen eine Grenze zu setzen; allein die allmächtige Liebe Gottes kann die Präpotenz des Bösen und die zerstörerische Macht des Egoismus und des Hasses besiegen."

Vor dem Angelus-Gebet am 19. April 2009 erinnerte Papst Benedikt XVI. daran, dass Johannes Paul II. uns allen die Botschaft der Göttlichen Barmherzigkeit übergeben hat. Er ermunterte uns dazu, sie in die Welt hinauszutragen: „Angesichts des Bösen, das in vielen menschlichen Herzen immer noch für Verwüstung sorgt, ist diese Aufgabe sogar noch aktueller. Seien wir Zeugen der barmherzigen Liebe Gottes."

Wie bereits erwähnt, verfasste Benedikt XVI. in der Enzyklika *Deus caritas est* das Programm seines Pontifikats und setzte dabei die Lehre von Johannes Paul II. fort. Der Heilige Vater aus Bayern spricht darin über das Geheimnis Gottes, der sich in der Liebe offenbart. Der Papst begab sich ins Zentrum des offenbarten Glaubens und befasste sich mit den existenziellen Problemen, die die Christen von heute bewegen. Seine Reflexion über den Gott der Liebe berührt vollkommen neue

In der verirrten, modernen Welt zogen die Worte des Heiligen Vaters und sein Vertrauen auf die Göttliche Barmherzigkeit die Menschen an. Zu sehen ist ein Treffen mit den Gläubigen am 83. Geburtstag des Papsts (Petersplatz, 18. Mai 2003).

DIE APOSTEL DER GÖTTLICHEN BARMHERZIGKEIT

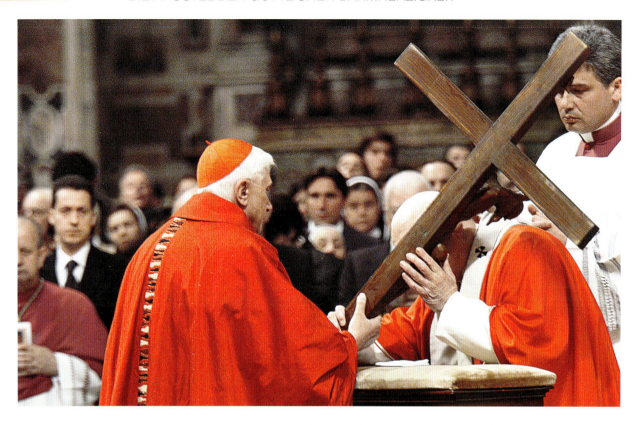

Eine denkwürdige und aussagekräftige Szene; Kard. Joseph Ratzinger, der spätere Papst Benedikt XVI., überreicht während der Karfreitagsliturgie Johannes Paul II. das Kreuz zum Kuss (9. April 2004).

Aspekte des Glaubensverständnisses, die aus dem Aufeinandertreffen des im Alten Testament offenbarten Glaubens und des griechischen Gedankenguts resultieren. Johannes Paul II. konzentrierte sich auf die semitischen Begriffe der Liebe, wenn er vom Gott der Barmherzigkeit sprach, der sich in Christus offenbart. Benedikt XVI. hingegen rückte die hellenistische Philosophie in den Vordergrund, die zu einem gewissen Zeitpunkt der Glaubensentwicklung zu dessen Ausdrucksmittel wurde. Der Papst erinnert in der Enzyklika *Deus caritas est* daran, dass der Mensch schon immer versucht hat zu bestimmen, wer oder was Gott ist. Die griechischen Philosophen suchten nach der ersten Ursache oder dem Prinzip des Seins. Sie untersuchten das Schöne, die Harmonie der Form und der Gedanken. Die Weisen aus dem Fernen Osten – also Indien, China und Japan – sprachen von der Kraft, die den ganzen Kosmos durchdrang. Benedikt XVI. unterstreicht, dass der christliche Glaube den Menschen zu jenem Gott führt, der die Liebe ist, und die Christen jene Menschen sind, die „die Liebe, die Gott zu uns hat, erkannt und gläubig angenommen" haben (1 Joh 4,16). Die Erkenntnis Gottes, der sich als Liebe offenbart, übersteigt die intellektuelle Erkenntnis und die ästhetische Erfahrung. Sie setzt allerdings eine personelle Beziehung zwischen Gott und dem Menschen voraus, in der die Liebe des Menschen die Antwort auf die Gabe der Liebe Gottes ist.

Der durch Jesus Christus offenbarte Gott ist keine abstrakte Idee, kein Gedanke und keine Wahrheit, sondern Liebe. Die Jünger Jesu lauschten den Worten ihres Meisters ganz genau und hielten jedes Wort sowie jeden Begriff in ihren Herzen fest. Es scheint, als ob Johannes, der Jünger den Jesus liebte, am meisten über dieses Geheimnis des Vaters geschrieben hat, das der Welt in Jesus Christus offenbart worden ist. In seinem ersten Brief schrieb er: „Gott ist die Liebe, und wer in der Liebe bleibt, bleibt in Gott und Gott bleibt in ihm" (1 Joh 4,16). In dieser Beschreibung verbirgt sich die Wahrheit darüber, wer Gott ist, aber auch, wer der Mensch ist.

„Es ist also die barmherzige Liebe Gottes, die heute wie damals die Kirche fest eint und aus der Menschheit eine einzige Familie macht; die göttliche Liebe, die uns durch den gekreuzigten und auferstandenen Jesus die Sünden nachlässt und uns innerlich erneuert," sagte Papst Benedikt XVI. am 19. April 2009 vor dem „Regina caeli".

Franziskus

Schon seit den ersten Augenblicken seines Pontifikats legt Papst Franziskus eine sehr persönliche Katechese der Göttlichen Barmherzigkeit an den Tag. Während seiner ersten Sonntagsmesse in der Kirche St. Anna im Vatikan am 17. März 2013 sagte er: „Barmherzigkeit. Für mich – ich sage das in aller Bescheidenheit – ist das die stärkste Botschaft des Herrn: die Barmherzigkeit. (...) Der Herr wird niemals müde zu verzeihen: niemals! Wir sind es, die müde werden, ihn um Vergebung zu bitten! Erbitten wir also die Gnade, dass wir nicht müde werden um Vergebung zu bitten, denn Er wird nie müde zu verzeihen. Bitten wir um diese Gnade!"

Während der Eucharistie am Sonntag der Göttlichen Barmherzigkeit bemerkte Papst Franziskus am 7. April 2013 die wunderschöne Bereicherung unseres Glau-

Dieses bewegende Treffen zwischen Papst Benedikt XVI. und 32 Überlebenden des deutschen Konzentrationslagers Auschwitz-Birkenau fand am 28. Mai 2006 statt.

bens durch die Göttliche Barmherzigkeit: „Eine so große, so tiefe Liebe hat Gott zu uns, eine Liebe, die niemals nachlässt, immer unsere Hand ergreift und uns stützt, uns wieder aufrichtet, uns lenkt." Franziskus berief sich auf den Apostel Thomas, der die Göttliche Barmherzigkeit in Form des auferstandenen Jesu erfuhr: „Und Thomas erkennt seine Armseligkeit, seine Kleingläubigkeit. ‚Mein Herr und mein Gott' – Mit diesem einfachen, doch glaubensvollen Ruf antwortet er auf die Geduld Jesu. Er lässt sich von der göttlichen Barmherzigkeit umfangen, sieht sie vor sich in den Wunden der Hände und der Füße, in der geöffneten Seite, und gewinnt das Vertrauen zurück: Er ist ein neuer Mensch, nicht mehr ungläubig, sondern gläubig."

Außerdem weist der Papst auf den hl. Petrus hin, der Christus drei Mal leugnete und dennoch in den Genuss der Göttlichen Barmherzigkeit kommt. „Und als ihm dies zutiefst bewusst wird, begegnet ihm der Blick Jesu, der ihm geduldig und ohne Worte zu verstehen gibt: ‚Petrus, hab' keine Angst wegen deiner Schwachheit, vertraue auf mich!' Und Petrus versteht, spürt den liebevollen Blick Jesu und weint. Wie schön ist dieser Blick Jesu – wie viel Zärtlichkeit! Brüder und Schwestern, verlieren wir niemals das Vertrauen in die geduldige Barmherzigkeit Gottes!" Franziskus betont, dass dies der Stil Gottes ist. „Er ist nicht ungeduldig wie wir, die wir oft alles und sofort wollen, auch von den Menschen. Gott hat Geduld mit uns, denn er liebt uns, und wer liebt, der versteht, hofft, schenkt Vertrauen, gibt nicht auf, bricht die Brücken nicht ab, weiß zu verzeihen. Erinnern wir uns daran in unserem Leben als Christen: Gott wartet immer auf uns, auch wenn wir uns entfernt haben! Er ist niemals fern, und wenn wir zu ihm zurückkehren, ist Er bereit, uns in seine Arme zu schließen."

Die Göttliche Barmherzigkeit gibt dem Sünder den Mut zu Gott zurückzukehren, ungeachtet der Sünden oder der Fehler, die er in seinem Leben begangen hat. Der Papst hat dazu aufgerufen, sich der Göttlichen Barmherzigkeit zu öffnen, der Geduld Gottes zu vertrauen, den Mut aufzubringen, um in sein Haus zurückzukehren und in der Liebe seiner Wunden zu wohnen sowie seine Barmherzigkeit in den Sakramenten zu erfahren. „Wir werden seine so schöne Zärtlichkeit spüren, wir werden seine Umarmung spüren und auch selber fähiger sein zu Barmherzigkeit, Geduld, Vergebung und Liebe."

Papst Franziskus rief das außerordentliche Jubeljahr der Barmherzigkeit aus, damit jeder Mensch sich dem Geheimnis der Göttlichen Barmherzigkeit nähern

Barmherzigkeit verbindet die Menschen und öffnet sie einander

Auf Seite 144: Die apostolische Polenreise von Papst Benedikt XVI. war in gewisser Weise eine Pilgerfahrt auf den Spuren des Apostels der Göttlichen Barmherzigkeit, Johannes Paul II. Oben ist der Heilige Vater während der hl. Messe auf dem Piłsudski-Platz in Warschau zu sehen, unten küsst er die Reliquien der hl. Schwester Faustyna in Łagiewniki.

Seit Beginn seines Pontifikats ruft Papst Franziskus die Mächtigen dieser Welt dazu auf, den Schwachen, Armen und Leidenden zu helfen. Der Heilige Vater spricht aber keine leeren Worte, sondern geht selbst mit gutem Beispiel voran. Mit großer Freude erfüllt er die Werke der geistigen und leiblichen Barmherzigkeit. So wie zu den Zeiten von Johannes Paul II. und Benedikt XVI. bekommen die Kranken während der Feierlichkeiten im Vatikan einen Platz in der Nähe des päpstlichen Throns.

und seine barmherzige Liebe erfahren kann. In der Bulle *Misericordiae vultus* betont der Papst, dass die Barmherzigkeit der Name Gottes ist, mit dem Gott sich in Gestalt seines Sohnes Jesus Christus offenbart hat. Darum müssen wir auch heute über das Geheimnis der Göttlichen Barmherzigkeit meditieren: „Es ist Quelle der Freude, der Gelassenheit und des Friedens. Es ist Bedingung unseres Heils. Barmherzigkeit – in diesem Wort offenbart sich das Geheimnis der Allerheiligsten Dreifaltigkeit. Barmherzigkeit ist der letzte und endgültige Akt, mit dem Gott uns entgegentritt. Barmherzigkeit ist das grundlegende Gesetz, das im Herzen eines jeden Menschen ruht und den Blick bestimmt, wenn er aufrichtig auf den Bruder und die Schwester schaut, die ihm auf dem Weg des Lebens begegnen. Barmherzigkeit ist der Weg, der Gott und Mensch vereinigt, denn sie öffnet das Herz für die Hoffnung, dass wir, trotz unserer Begrenztheit aufgrund unserer Schuld, für immer geliebt sind" (*Misericordiae vultus*, 1). Barmherzigkeit verbindet die Menschen und öffnet sie einander.

Prof. Jan Machniak

Papst Franziskus setzt auch die Lehre des hl. Johannes Paul II. über die Göttliche Barmherzigkeit fort. Am 3. August 2013 nominierte er den bisherigen päpstlichen Zeremoniar Konrad Krajewski zum Erzbischof und Almosenmeister Seiner Heiligkeit. Am 17. Dezember lud er drei Obdachlose zum Essen ins Domus Sanctae Marthae ein.

„Krakau, die Stadt des heiligen Johannes Paul II. und der heiligen Faustyna Kowalska, wartet mit offenen Armen und Herzen auf uns. Ich glaube, dass die göttliche Vorsehung uns geführt hat, gerade dort das Jubiläum der Jugend zu feiern, wo diese beiden großen Apostel der Barmherzigkeit unserer Tage gelebt haben" (Botschaft von Papst Franziskus zum XXXI. Weltjugendtag).

Barmherzigkeit verbindet die Menschen und öffnet sie einander

Weißes Meer, Haus des Heiligen

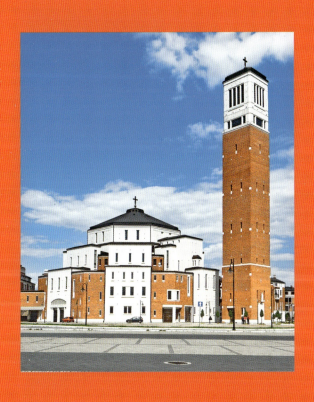

DIE APOSTEL DER GÖTTLICHEN BARMHERZIGKEIT

Weißes Meer, Haus des Heiligen

Auch jenes Heiligtum, das dem zweiten der Apostel der Göttlichen Barmherzigkeit, Johannes Paul II., gewidmet ist, und gegenüber von Łagiewniki auf dem sog. Weißen Meer entsteht, entwickelt sich immer stärker zu einem Ort des lebendigen Glaubens und der intensiven Gottesverehrung, der Jahr für Jahr immer mehr Pilger anzieht. Hier, wo heute der imposante Gebäudekomplex des Johannes Paul II.-Zentrums „Fürchtet euch nicht!" das Landschaftsbild bestimmt, war die Aussicht vor 70 Jahren noch traurig und trüb. Auf diesem Gelände befand sich nämlich die Sodafabrik Solvay mit ihren langen, grauen Schornsteinen, die den Menschen schwere Arbeit in giftigen Abgasen abverlangte. Einer der Zwangsarbeiter war während der deutschen Besatzung der zukünftige Papst Karol Wojtyła, gleichzeitig Student im Krakauer Untergrundpriesterseminar.

Jan Machniak, Priester und Professor der Johannes Paul II.-Universität in Krakau, ist ebenfalls ein Verehrer der Göttlichen Barmherzigkeit.

Der Hauptinitiator und Ideengeber für dieses gewaltige Projekt ist der aktuelle Krakauer Metropolit, Stanisław Kard. Dziwisz, der 27 Jahre lang der Privatsekretär von Johannes Paul II. war und ihm auch schon früher in dieser Funktion zur Seite stand. Kard. Dziwisz war einer der wichtigsten Mitarbeiter und Freunde des polnischen Papsts, er verbrachte das ganze Pontifikat an seiner Seite und wurde auch zu seinem Nachfolger als Erzbischof von Krakau bestimmt. Als er nach einem Ort für das Johannes Paul II.-Zentrum suchte, suchte er in Wahrheit nach einem Haus für den polnischen Papst – zu Lebzeiten hatte der Heilige Vater selbst nämlich niemals eines besessen. Darum wird das Heiligtum auf dem Weißen Meer oft auch Haus des hl. Johannes Paul II. genannt. An der Errichtung und Verschönerung dieses Hauses hat auch die polnische Nation ihren großen Anteil, die seit der Taufe Polens im Jahr 966 unzertrennlich mit dem Kreuz verbunden bleibt. Das Johannes Paul II.-Zentrum wurde am 2. Januar 2006, neun Monate nach dem Tod des Papsts, offiziell ins Leben berufen und am 11. Juni 2011 kraft des Dekrets von Kard. Stanisław Dziwisz gegründet.

Ein einzigartiges Phänomen des Hauses des hl. Johannes Paul II. sind mit Sicherheit die Kärtchen, die von den Pilgern hinterlassen werden, um die Fürsprache des polnischen Papsts zu erflehen. Schon zu Lebzeiten erreichten den polnischen Papst viele dieser Bitten, von denen er keine einzige abschlug. So

DIE APOSTEL DER GÖTTLICHEN BARMHERZIGKEIT

Am 13. Dezember 2015 wurde im Heiligtum der Göttlichen Barmherzigkeit in Łagiewniki die Tür der Barmherzigkeit geöffnet. Kard. Stanisław Dziwisz leitete die Feierlichkeiten und alle Krakauer Bischöfe und viele Priester nahmen an ihnen teil. Nachdem sie den Rosenkranz zur Barmherzigkeit Gottes gebetet hatten, schritten sie in einer andächtigen Prozession zum Tor der Barmherzigkeit, das vor dem Eingang zur Basilika aufgestellt worden war.

sind viele Wunder auf ihn zurückzuführen und Johannes Paul II. gilt als erfolgreicher Fürsprecher. Bis zur Seligsprechung legten die Gläubigen die Kärtchen auf die vatikanische Grabplatte und nachdem diese ins Krakauer Heiligtum gebracht worden war, wurde diese Tradition hier fortgesetzt. Mittlerweile werden die Bittkärtchen aber auf dem Altar in der Reliquienkirche hinterlassen. Die Fürbitten werden werktags nach jeder hl. Messe gelesen und sonntags nach der hl. Messe um 12 Uhr in einer eigens dafür geschaffenen Andacht.

Im Rahmen des Zentrums entstanden bis dato: das Heiligtum des hl. Johannes Paul II. (obere und untere Kirche), das Freiwilligenzentrum, das Institut für den Interkulturellen Dialog, der Aussichtsturm mit Panoramatarasse und Glocke sowie das Museum. Geplant sind außerdem noch das Pilgerhaus, das Exerzitienhaus, das Konferenzzentrum und das Rehabilitationszentrum.

Die Ganzheit des riesigen und bedeutungsträchtigen Objekts wurde als „Heilige Stadt auf dem Berg" konzipiert, als symbolischer Ort der Begegnung zwischen Gott und dem Menschen. Es entsteht ein unglaublicher Platz, an dem man den Geist von Johannes Paul II. spüren und ihn sowie sein prächtiges Erbe treffen kann. Von hier aus erstrahlt seine Heiligkeit und ermuntert uns dazu, Christus unsere Herzen zu öffnen, sein Gebot der Nächstenliebe zu achten, sein Evangelium zu bezeugen, die Göttliche Barmherzigkeit zu verkünden und die Werke der Barmherzigkeit zu erfüllen. (J.S.)

Weißes Meer, Haus des Heiligen

Auf Seite 150:
Seit dem 22. Oktober 2011 werden im neuen Krakauer Heiligtum, das dem hl. Johannes Paul II. gewidmet ist, regelmäßig Lichtprozessionen veranstaltet. Am 22. Tag jedes Monats versammeln sich die Gläubigen zur hl. Messe, nach der sie sich mit Lampions auf den Platz vor dem Heiligtum begeben, um dort die lichtreichen Geheimnisse des Rosenkranzes zu betrachten. Diese hat Johannes Paul II. den traditionellen Geheimnissen hinzugefügt. Vor 2014 beteten die Menschen um die Heiligsprechung des polnischen Papsts, heute nutzen sie das Gebet, um dankzusagen. Auf dem Foto ist die Andacht vom 22. Juli 2014 zu sehen.

Am 12. Dezember 2015 eröffnete der Krakauer Erzbischof auch im Johannes Paul II.-Heiligtum die Tür der Barmherzigkeit. Das bedeutet, dass man im Jubeljahr 2016 in diesem Heiligtum zu den gewöhnlichen Bedingungen einen vollkommenen Ablass erhalten kann. An den Feierlichkeiten nahmen auch die Mitglieder der Krakauer Schützengemeinschaft „Bractwo Kurkowe" teil.

153

DIE APOSTEL DER GÖTTLICHEN BARMHERZIGKEIT

Auf Seite 155:
Oben:
Kard. Franciszek Macharski teilt den Gläubigen in der sog. unteren Kirche im Johannes Paul II.-Heiligtum die Kommunion aus. Dieser Teil des Gotteshauses wurde bereits für die Menschen geöffnet, als in der oberen Kirche die Bauarbeiten noch andauerten.

Unten:
Eucharistiefeier zu Ehren von Johannes Paul II. am 22. Oktober 2015. Am Altartisch stehen von rechts: Msgr. Franciszek Ślusarczyk, Pater Tadeusz Rydzyk CSsR, Msgr. Jan Kabziński (Vorsitzender des Johannes Paul II.-Zentrums „Fürchtet euch nicht!") und Prof. Jan Machniak.

Kard. Stanisław Dziwisz feiert in der unteren Kirche des Heiligtums, die eigentlich Reliquienkirche heißt, die heilige Messe. Im unteren Teil des Marmoraltars sieht man das Glasreliquiar mit dem Blut des hl. Johannes Paul II.

Weißes Meer, Haus des Heiligen

DIE APOSTEL DER GÖTTLICHEN BARMHERZIGKEIT

Auf Seite 157:
Oben:
Kard. Stanisław Nagy (hier mit Kaplan Grzegorz Piątek) war ein enger Freund von Johannes Paul II. und ist hier am 4. November 2011, dem Namenstag Karols, in der unteren Kirche zu sehen. Vor der hl. Messe fand die Präsentation seines Buchs „Tak! Wielki!" (Ja! Er ist groß!) statt, das Kard. Nagy über den polnischen Papst geschrieben hat.

Unten:
Die Schauspielerin Halina Łabonarska betet vor den Reliquien des hl. Johannes Paul II., die auf der Platte des ersten vatikanischen Papstgrabs liegen. Die Blutampulle befindet sich im Reliquiar, das der Bildhauer Carlo Balljana in Form eines offenen Evangeliums konzipiert hat.

Gegenüber dem Heiligtum in Łagiewniki ist das Johannes Paul II.-Heiligtum entstanden. In einer Nebenkapelle der dortigen oberen Kirche wird die blutdurchtränkte Soutane von Johannes Paul II. ausgestellt, die der Papst während des Attentats vom 13. Mai 1981 getragen hat. Daneben steht die Figur der Mutter Gottes von Fatima.

Weißes Meer, Haus des Heiligen

DIE APOSTEL DER GÖTTLICHEN BARMHERZIGKEIT

Weißes Meer, Haus des Heiligen

Auf Seite 158:
Oben:
Blick auf die obere Kirche im Johannes Paul II.-Heiligtum. Die Wände sind von beeindruckenden Mosaiken geschmückt, die vom slowenischen Jesuitenpater Marko Rupnik entworfen worden sind.

Unten:
Gläubige beten in der Basilika von Łagiewniki den Rosenkranz zur Barmherzigkeit Gottes. Als ersten von links sieht man Prof. Krzysztof Ożóg von der Jagiellonen-Universität, einen der bedeutendsten polnischen Mittelalterforscher. Auf dem Rollstuhl sitzt Magda Buczek, die in Polen in „Radio Maryja" auftritt und einen Rosenkranzzirkel für Kinder ins Leben gerufen hat.

Dieser Teil des Mosaiks hinter dem Hauptaltar zeigt die heiligen Drei Könige. Rechts davon steht der hl. Johannes Paul II., der mit seiner Hand auf Jesus und Maria weist.

DIE APOSTEL DER GÖTTLICHEN BARMHERZIGKEIT

Auf Seite 161:
Oben:
Dieses Mosaik befindet sich unter der Kuppel und zeigt die Szene des letzten Abendmahls. Ganz rechts und im schwarzen Gewand sitzt Judas, der mit beiden Händen das Geldsäckchen fest umklammert.

Unten:
Rechts vom Presbyterium befindet sich dieses großformatige Mosaik und zeigt Moses, der die Juden durch das rote Meer führt. Alle Mosaiken von Pater Rupnik zusammen nehmen im Heiligtum einen Platz von 600 m² ein und bestehen aus farbiger Keramik sowie Glas.

Auf dieser Seite:
Dieses Mosaik zeigt Adam und Eva im Paradies. Es ist Teil jener Mosaikreihe unter der Kuppel, die verschiedene Bibelszenen darstellt.

Auf den Seiten 162-163:
Aussöhnungskapelle; sie befindet sich in einer Reihe von Räumen, von denen die untere Kirche umringt wird. Neben der Aussöhnungskapelle befinden sich die Kapelle der hl. Kinga sowie die Priesterkapelle.

Weißes Meer, Haus des Heiligen

INTERNATIONALE AKADEMIE DER GÖTTLICHEN BARMHERZIGKEIT IN KRAKAU

Die Akademie wurde vom Krakauer Metropoliten Kard. Stanisław Dziwisz gegründet und die Idee dazu entstand während des Weltkongresses der Göttlichen Barmherzigkeit in Krakau-Łagiewniki, der in den Tagen vom 1. bis zum 5. Oktober 2011 stattfand. Als Ziel gab Kard. Stanisław Dziwisz aus, Theologen der Göttlichen Barmherzigkeit um das Heiligtum in Łagiewniki herum zu versammeln, damit diese die Theologie der Göttlichen Barmherzigkeit weiterentwickeln, den entsprechenden Kult überwachen und Artikel über die Andacht zur Göttlichen Barmherzigkeit veröffentlichen.

Die Idee zur Gründung der Akademie der Göttlichen Barmherzigkeit wurde von den Kongressteilnehmern unterstützt, unter anderem von: Kard. Angelo Comastri (Erzpriester des Petersdoms, Vatikan), Kard. Stanisław Ryłko (Vorsitzender des Päpstlichen Laienrats, Vatikan), Kard. Joseph Zen Ze-kiun (Hongkong), Kard. Christoph Schönborn (Wien), Kard. Audrys Bačkis (Vilnius), Kard. Philippe Barbarin (Lyon), Erzbischof Józef Kowalczyk (damaliger Primas von Polen), Kard. Franciszek Macharski (Krakau), Kard. Stanisław Nagy (Krakau, 2013 verstorben), Kard. Kazimierz Nycz (Warschau), Kard. Salvatore De Giorgi (Neapel), Erzbischof Ján Babjak (Koszyce), Erzbischof Stanisław Budzik, Erzbischof Stanisław Nowak, Bischof Romulo T. De La Cruz (Philippinen), Erzbischof Alapati Lui Mata'eliga (Samoa-Apia, Ozeanien), Bischof István Katona (Ungarn).

Die Internationale Akademie der Göttlichen Barmherzigkeit zählt 92 Mitglieder und vereint die Verehrer der Göttlichen Barmherzigkeit aus der ganzen Welt. Durch ihre Forschung und Publikationen will sie dem Kult der Göttlichen Barmherzigkeit zur weiteren Ausbreitung verhelfen, seine verschiedenen Formen zeigen und seine theologische Korrektheit überwachen.

Ehrenkomitee

Kard. Stanisław DZIWISZ, Großkanzler der Akademie, Krakau, Polen
Kard. Audrys BAČKIS, Vilnius, Litauen
Kard. Angelo COMASTRI, Rom, Vatikan
Kard. Dominik DUKA OP, Prag, Tschechien
Kard. Péter ERDŐ, Esztergom-Budapest, Ungarn
Kard. Salvatore DE GIORGI, Rom, Italien
Kard. Marian JAWORSKI, Krakau, Polen
Kard. Franciszek MACHARSKI, Krakau, Polen
Kard. Joachim MEISNER, Köln, Deutschland
Kard. Kazimierz NYCZ, Warschau, Polen
Kard. George PELL, Rom, Vatikan
Kard. Polycarp PENGO, Daressalam, Tansania

Kard. Antonio María ROUCO VARELA, Madrid, Spanien
Kard. Camillo RUINI, Rom, Italien
Kard. Stanisław RYŁKO, Rom, Vatikan
Kard. Christoph SCHÖNBORN, Wien, Austria
Kard. Luis Antonio TAGLE, Manila, Philippinen
Kard. Joseph ZEN ZE-KIUN SDB, Hongkong, China
Erzbischof Felix Alaba Adeosin JOB, Ibadan, Nigeria
Erzbischof Ramon C. ARGUELLES, Lipa, Philippinen
Erzbischof Ján BABJAK SI, Prešov, Slowakei
Erzbischof Stanisław BUDZIK, Lublin, Polen
Erzbischof Mark COLERIDGE, Brisbane, Wynberg, Australien
Erzbischof Denis James HART, Melbourne, Australien
Erzbischof Tadeusz KONDRUSIEWICZ, Minsk, Weißrussland
Erzbischof Józef KOWALCZYK, Gniezno, Polen
Erzbischof Alapati Lui MATA'ELIGA, Samoa-Apia, Ozeanien
Erzbischof Celestino MIGLIORE, Apostolischer Nuntius, Warschau, Polen
Erzbischof John RIBAT MSC, Port Moresby, Papua-Neuguinea
Erzbischof Ioan ROBU, Bukarest, Rumänien
Bischof John CHANG-YIK, Chunchon-Shi, Südkorea
Bischof Ignacy DEC, Świdnica, Polen
Bischof George Jonathan DODO, Zaria, Nigeria
Bischof Petru GHERGHEL, Jassy, Rumänien
Bischof Rosario GISANA, Piazza Armerina, Italien
Bischof Kazimierz GÓRNY, Rzeszów, Polen
Bischof Albert-Marie de MONLÉON OP, Meaux, Frankreich
Bischof Paul Kariuki NJIRU, Embu, Kenia
Bischof Clemens PICKEL, Saratów, Russland
Bischof Jan ZAJĄC, ehemaliger Rektor des Heiligtums Łagiewniki, Krakau, Polen
Bischof Konrad ZDARSA, Augsburg, Deutschland
Prof. Carl A. ANDERSON, New Haven, USA

Reguläre Mitglieder

Priester Paweł ANTOLAK, Krysowice, Ukraine
Pater Juan Eduardo ARNAU, C.o., Mercedes, Argentinien
Priester Dr. Tomasz BAJER, Wieliczka-Krakau, Polen
Herr Gheorghe BALTA, Bukarest, Rumänien
Priester Dr. Wojciech BARTOSZEK, Katowice, Polen
Priester Markus BERIEF, Borchen, Deutschland
Schwester Veronica BOASA, Bukarest, Rumänien
Priester Marius Stanislau BUCEVSCHI, Pojana Mikuli, Rumänien
Pater Mauro CARLOROSI, C.o., Mercedes, Argentinien
Pater Gonzalo Alvial CANDIA, Concepción, Chile

Herr John CANAVAN, Camberwell, Australien
Priester Mag. Konrad CAPUTA, Shirati, Tansania
Priester Prof. Dr. hab. Marek CHMIELEWSKI, KUL, Lublin, Polen
Pater Kazimierz CHWAŁEK MIC, Stockbridge, MA, USA
Priester Dr. Henryk CIERESZKO, Białystok, Polen
Priester Dr. Stanisław CIEŚLAK SJ, Krakau, Polen
Priester Mag. Roman CIUPAKA, Arusha, Tansania
Red. Dr. Ewa CZACZKOWSKA, Warschau, Polen
Pater Prof. Dr. hab. Tomasz DĄBEK OSB, UPJPII, Krakau, Polen
Priester Pasqualino Di DIO, Piazza Armerina, Italien
Msgr. Józef DOBOSZ, Dębica, Polen
Priester Jerzy DYKTUS, Helsingborg, Szwedem
Frau Mary FENERTY, Bootle, Merseyside, England
Pater Adam FILAS OMI, Brampton, Ontario, Kanada
Priester John FLADER, Pennat Hills, Australien
Priester Mieczysław FRYTEK, Strzelczyska, Ukraine
Frau Lenor GAMBASSI, San José, Costa Rica
Pater Grzegorz M. GAWEŁ SJ, North Unley, Austrailien
Pater Prof. Dr. hab. Jerzy W. GOGOLA OCD, Krakau, Polen
Frau Olga GONZALES SUAREZ, San José, Costa Rica
Herr Rodolfo GONZALES SUAREZ, San José, Costa Rica
Priester Dr. Dariusz GUZIAK, Freiburg im Br., Deutschland
Priester Pavel HABROVEC, Radostin nad Oslovou, Tschechien
Priester Dr. Markus HOFMANN, Köln, Deutschland
Priester Perez HUETE, Madrid, Spanien
Priester Dr. Josif JACOB, Jassy, Rumänien
Priester Peter JOSEPH, ADM., Homebush West, Australien
Priester Sławomir KALISZ OMI, Hongkong, China
Priester Przemysław S. KARASIUK SJ, Bowen Hills, Australien
Frau Ewa KIMNES, Blackburn North, Australien
Prof. Dr. hab. Stefan KOPEREK CR, UPJPII, Krakau, Polen
Priester Helge KORREL, Leverkusen, Deutschland
Pater George W. KOSICKI CSB, Paradise, OH, USA
Priester Wojciech KOŚCIELNIAK, Musoma, Tansania
Priester Rektor Dr. Piotr KOT, Priesterseminar Legnica, Polen
Priester Dr. Bernard KOZŁOWSKI, Tschenstochau, Polen
Msgr. Robert KRISTMAN, Legnica, Polen
Msgr. Brendan LANE, Rektor des Priesterseminars in Carlton, Australien
Priester Diego Martinez LINARES, Mov. Apost. Divina Mis., Madrid, Spanien
Pater Stanisław LITYŃSKI OP, Kiew, Ukraine
Priester Prof. Dr. hab. Jan MACHNIAK, UPJPII, Rektor der Akademie der Göttlichen Barmherzigkeit, Krakau, Polen
Priester Eugeniusz MALACHWIEJCZYK SAC, Warschau, Polen
Pater Seraphim MICHALENKO MIC, Stockbridge, MA, USA

Priester Rory MORRISSEY, Herne Bay, Auckland, Neuseeland
Schwester Dr. Bogna MŁYNARZ ZDCh, Krakau, Polen
Pater Prof. Dr. hab. Andrzej NAPIÓRKOWSKI OSPP, UPJPII, Krakau, Polen
Frau Mechtild NEISKE, Altenheersee, Deutschland
Priester Mag. Jan NIKIEL, Lemberg, Ukraine
Priester Erzbischof Dr. Stanisław NOWAK, Tschenstochau, Polen
Pater Dr. Piotr OKTAWA OP, Kiew, Ukraine
Priester Dr. Zbigniew PAŁYS MS, Dębowiec-Krakau, Polen
Priester Mag. Piotr PAWLUS, Musoma, Zanaki, Tansania
Priester Dr. Rafael PEREZ HUETE, Madrid, Spanien
Priester Dr. Tadeusz ROZTWOROWSKI, SI, Richmond, Victoria, Australien
Priester Dr. Jarosław RUDZIK SAC, Tschenstochau, Polen
Priester Gerard RZANIECKI, Niebüll, Deutschland
Pater German SAKSONOFF C.o., Mercedes, Argentinien
Frau Dr. Anna SEREDYŃSKA, Ignatianum, Krakau, Polen
Bischof Prof. Dr. hab. Andrzej SIEMIENIEWSKI, Breslau, Polen
Schwester Mag. Elżbieta M. SIEPAK ZMBM, Krakau, Polen
Priester Dr. Waldemar SIERPIŃSKI, Warschau-Praga, Polen
Priester Witold D. SOJKA, Willebadessen, Deutschland
Priester Dr. Bogusław STECZEK SI, Krakau, Polen
Bischof Vittorino Girardi STELLIN, Tilaran, Costa Rica
Priester Dr. Martin STRAUB, Augsburg, Deutschland
Priester Prof. Dr. hab. Jan Daniel SZCZUREK, UPJPII, Krakau, Polen
Priester Dr. Franciszek ŚLUSARCZYK, Rektor der Heiligtums Łagiewniki, Krakau, Polen
Pater Andrzej TOTZKE SJ, Baltimore, USA
Priester Prof. Dr. hab. Antoni TRONINA, Lublin, Polen
Priester Tomasz TRZEBUNIA, Marks, Russland
Priester Prof. Dr. hab. Stanisław URBAŃSKI, UKSW, Warschau, Polen
Pater Dr. hab. Paweł WARCHOŁ OFMConv., Łódź, Polen
Priester Prof. Dr. hab. Henryk WEJMAN, USz, Stettin, Polen
Pater Tadeusz WINNICKI SJ, Lombard, Ill, USA
Priester Prof. Dr. hab. Andrzej WITKO, UPJPII, Krakau, Polen
Priester Dr. Marek WÓJTOWICZ SI, Ignatianum, Krakau, Polen
Frau Bogusława ZANIEWICZ-DYBEK, Stockholm, Szweden
Pater Władysław ZĄBKOWSKI OP, Kiew, Ukraine
Priester Wojciech ZUBKOWICZ SAC, Jámy, Tschechien

www.bialykruk.pl

© Copyright by Biały Kruk Sp. z o.o.
All rights reserved
Biały Kruk Sp. z o.o.
ul. Szwedzka 38
PL 30-324 Kraków
tel.: (+48) 12 254 56 02,
260 32 90, 260 32 40,
254 56 26
e-mail: marketing@bialykruk.pl
biuro@bialykruk.pl

1. Auflage
Krakau 2016

ISBN 978-83-7553-206-7